名師出高徒②

長拳入門與精進

吳彬　何瑞虹　李巧玲　編著

大展出版社有限公司

出版說明

誰都願意將自己的孩子送進好的學校，爲什麼？因爲好學校教學水平高。教學水平高主要依賴於有一流的高水平的教師。教師水平高就能教出出類拔萃的學生，這正是「名師出高徒」。

學武術也如此，富有經驗的名師教學，會使初學者少走彎路，入門迅速，一入門即可爲提高打下紮實的基礎。

爲滿足初學武術的廣大青少年和武術愛好者的要求，我社特約我國武術名家編寫了這套叢書。本套叢書作者均是長期從事武術教學的在國內外享有盛名的專家，他們有著極豐富的教學經驗，既能把那些對武術一竅不通的「老外」教得像模像樣，也能指導武術高手再提高。

本套叢書屬於普及性讀物，重點介紹了武術基本技術要領、動作要求、練習方法、易犯錯誤及其糾正方法，而且簡明扼要地說明了動作的技擊含義，易學、易懂、易練、易用。

近年來中國武術協會爲更廣泛開展武術運動，在國內推行了武術段位等級制。本書在介紹了最基本的動作之後，編入了最基本的入段套路詳解。每個武術愛好者只要跟著本書步驟自修，都可達到武術初級段

位（一、二、三段）水平。

　　本社曾出版過《武術基礎練習叢書》一書，深受廣大武術愛好者喜愛，多次再版仍未能滿足需要。根據近年來我國武術發展的形勢，本套叢書是在原《武術基礎練習叢書》的基礎上新編而成。這套叢書包括以下幾冊：

　　《武術基本功和基本動作》——名師出高徒㈠

　　《長拳入門與精進》——名師出高徒㈡

　　《劍術、刀術入門與精進》——名師出高徒㈢

　　《棍術、槍術入門與精進》——名師出高徒㈣

　　《南拳入門與精進》——名師出高徒㈤

　　《散手入門與精進》——名師出高徒㈥

　　《太極拳入門與精進》——名師出高徒㈦

　　《太極推手入門與精進》——名師出高徒㈧

前言

長拳姿勢舒展，動作靈活、矯健有力、節奏明顯，並且有竄蹦跳躍、閃展騰挪、起伏轉折和躍撲滾翻等特點，非常瀟灑、富有青春活力。

練長拳可提升人體機能、發展人體素質，尤適於青少年鍛鍊，可促進和提高他們的心、肺功能；增進肌肉、骨骼成長；促進中樞神經系統發育，因此青少年練長拳可**促成長、增智力、助長高**。

本書係李連杰、吳京等著名武術運動員、演員的教練員吳彬先生及北京體育大學武術系副教授何瑞虹、李巧玲撰編，通俗易懂，從入門技術到如何達到三段位，做了十分清晰的介紹，動作要點介紹得明確、到位，十分便於自學。跟隨本書循序漸進練習，可迅速入門，並一入門就爲提升打下良好基礎，達到武術「三段」水平並非難事。

目 錄

第一節 長拳基本知識

一、長拳簡介

　　長拳是查拳、華拳、炮拳、洪拳、花拳等拳術的總稱。它們之間雖然風格各異，但概括起來的共同特點是：姿勢舒展、動作靈活、快速有力、節奏顯明，並包括有竄蹦跳躍、閃展騰挪及起伏轉折等動作和技術的拳術。

　　長拳的動作幅度舒展，關節活動範圍較大，對肌肉和韌帶的柔韌性、彈性等都有較高的要求。

　　因此，練習長拳能夠發展肌肉彈性，關節的靈活性，以及脊柱伸屈的靈活性及柔韌性。

　　長拳的動作大多數是由大肌肉群來進行活動的，要求肌肉的活動量大，而且肌肉活動速度快，因而對肺活量的要求也較高，因此，對提高心臟血液循環系統和呼吸系統的機能能力，獲得積極的作用。

　　長拳的結構也較複雜，有伸屈、回環、平衡、跳躍、翻騰及跌撲等動作，這些較為複雜的動作，對於中樞神經系統、平衡器官、內臟器官以及神經與肌肉的協調機能，都提出了較高的要求，這樣就促進並提高了這些系統的機能，全面地發展了身體素質。

二、長拳基本技法

長拳的手法，須「拳如流星」，要迅速、敏捷、有力。這不僅是在拳、臂揮舞時要如此，而且在掌、腕的細緻動作方面也要如此。即使是一個抖腕、刁手的小動作，也要做得非常乾淨俐落，沒有托泥帶水的感覺。

上肢運動要達到「拳如流星」的這種要求，就必須鬆肩活肘，使肩、肘、腕等關節在運動的時候力求鬆活。長拳的運動特點，一般是有動、有靜的，既有招，又有勢。「靜如處女，動如脫兔」，不動則已，一動就要非常迅速。「拳如流星」的要求，只是指活動的動作，而不是指所有的動作。要求整個拳路快而有章，快得疾，靜得穩，在運動過程中有動有靜，要突出長拳動靜結合、快慢相間的特點。

長拳的眼法，須「眼似電」，要明快、銳利。眼法在長拳運動中不是單獨活動的，它必須「眼隨手動」，「目隨勢注」。手法既要像流星般地迅快、敏捷、有力。眼睛的注視、隨視等就要相應地像「閃電」般地明快銳利。

這種手到眼到的眼法變化，不僅與手法有著密切的關係，也和頸部的活動有關。

隨著眼法的左顧右盼、上看下視，頸部的靈活及轉頭變臉的快速及時，隨之，也是非常必要的。同時，更重要的是，眼法還涉及到動作意向的問題。

一般地說，長拳的動作都有它的意向，進則是攻，退則是守，即使是靜止的拳勢，也都含有伺機待動的意向。

眼法是長拳動作的意向趨向傳神的關鍵。比如：向前進

攻的動作，眼睛一定要注視著前方，如果看著旁邊，這動作就失掉了進攻的意向。

在前進動作的過程中出現了突然向後轉身的動作，這意味著回擊從身後來的侵犯，這時就一定要先回頭，目光向後一掃，然後再迅速轉身接做下面的動作。

如果目光不先向後一掃就轉身出手，這個回擊動作就不會傳神。靜止時的拳勢，也必須使眼神向前注視，目光像「閃電」般的銳利，這樣才能把伺機待動的意向表露出來。

長拳特別強調傳神，因之眼法必須做到「眼隨手動」、「目隨勢注」，明銳似電。

長拳的身法，須「腰如蛇行」，要柔韌、靈活。身法在長拳運動裡，可分為閃、轉、展、縮、折、彎、俯、仰等等。

這些身法的變化多是主宰於腰。因此「腰如蛇行」的身法要求，一方面是要求各種身法在運動的時候要像蛇行那樣靈活，有曲折、有變化，另一方面也要要求胸椎部位和腰椎部位的柔韌性加強，使動作做得既柔軟又堅韌，柔軟則靈活，堅韌則有力。動作做得靈活、有力，又富有曲折變化，就不會枯燥無味了。

長拳的步法，須「步賽黏」，要輕快、穩固。「先看一步走，再看一伸手」；「打拳容易，走步難」；「步不穩則拳亂，步不快則拳慢」，步法在長拳運動裡起著非常重要的作用。因此，必須使各種步法在運動時既要輕快，更要像膠黏在地上一樣穩固，不掀腳，不拔跟。它不能受上肢、軀幹活動的影響，反過來倒要給上肢、軀幹的活動提供必要的穩固條件，這樣，才能動而不亂。

所以，步法一定要輕快、穩固，做到「步寬黏」的要求，使下盤紮實。

　　練長拳，需要精神充沛、飽滿。要充沛飽滿得像雷霆萬鈞，像江河的怒潮，要顯示出鼓蕩的「怒」的氣魄。

　　然而這種鼓蕩的「怒」的氣魄，又不是表現在臉面上，而是貫注在動靜的運動中。精神飽滿、氣魄怒振，拳勢才能雄健宏大。怒絕不是直眉橫目、齜牙咧嘴的兇狠，這在長拳運動裡是不允許的。

　　要做到「怒」的氣魄，必須具有武術的戰鬥意識，把自己擺進到一種充滿戰鬥的場合裡。這樣才能使長拳的運動，氣如雷霆，勢如浪濤，精足神滿。

　　長拳的呼吸，須「氣宜沉」，要「氣沉丹田」。這是因為呼吸在長拳運動中關係著運動的持久性，也關係著勁力的催動，即所謂以氣催力。

　　長拳運動結構較複雜、動作快速、運動量大，這個特點決定了長拳運動對氧的需要量較大。如果不善於掌握和運用「氣沉丹田」的腹式呼吸的方法，就容易使氣血上湧，使氣息在胸間游動。氣往上浮則內部空虛，空虛則氣促，氣促則吸入的氧不足，氧不足則力短，力短就不能使運動持久，呼吸就會短促，頭暈噁心，面色發白，運作紊亂，運動的平衡性也就遭到破壞。

　　所以，在運動的時候要注意運用腹式呼吸，善於「蓄氣」，這樣才能使運動持久，才能保持運動的平衡。

　　長壽的呼吸方法，除了「沉」以外，還有提、托、聚三種。在一般情況下，由低動作轉入高運作時，應該運用「提」法；在高式或低式的靜止性動作出現時，則應該運用

「托」法；在剛脆短促的動作出現時，就應該運用「聚」法；在由高動作轉入低動作時，又應該運用「沉」法。

這些呼吸方法隨著動作而進行變化的時候，卻始終要遵循著「氣宜沉」的基本要求。

長拳的勁力，要順達。如果用勁發力不順，也會使運動僵硬、死板。長拳運動最忌「僵勁硬力」，強調「力要順達」。用力順達，須從「三節」著手。

三節，以上肢來說，手為梢節，肘為中節，肩為根節。以下肢而言，腳為梢節，膝為中節，胯為根節。比如甩手、出手、抖手等動作，必須是「梢節起，中節隨，根節追」，三節均動，勁力才能順達。

又如，彈踢腿，它必須是「起於根，順於中，達於梢」，三節貫通，才能使力順而不僵硬。所以一定要掌握「三節」，掌握用力順序，勁力才能順達。

長拳的技術，需要「功宜純」。這裡指的「功」是指力量、速度、耐力、靈敏等身體素質和運動的各種技巧。

所謂「純」，就是指「純一不雜」，爐火純青。「功宜純」是對長拳技術質量所提的要求。要使技術質量達到純青的地步，重要的一條就是在技術規範化的前提下加強鍛鍊的實踐，才能使身體素質和運動技巧不斷地得到提高，才能使技術質量由不純逐漸到純。

「四擊」，是指武術中的踢、打、摔、拿四種技法。凡是含有技擊動作組成部分的長拳，在內容方面一般都是離不開這四種技法的範疇。

這四種提法則各有各的具體內容與運動方法。踢的技法有蹬、踹、彈、點、纏、擺、掃、掛等等；打的技法有衝、

撞、擠、靠、崩、劈、挑、砸、撐、攔、摟、採、挒、勾、抄等；摔的技法有掤、拱、揣、滑、倒、爬、拿、攦、搗、勾等；拿的技法有刁、拿、鎖、扣、封、閉、錯、截等。這些內容都有它們的運動方法。

例如踢法中的蹬、踹、彈、點等，屬於屈伸性腿法，然而蹬的運動方法是腳尖朝上、腳心朝前，力點在腳跟部；踹的技法則是腳尖朝左（或右），腳心朝前，力點在腳掌心。

長拳對踢、打、摔、拿四種技法具體內容的運動方法要求非常嚴格，要求踢打合法，不允許蹬踹不分，方法不明，模糊不清。

如果不是嚴格地遵守這些運動方法的規定，就不可能表達出它們不同的真實意義，這就失去了長拳技擊動作的意向。所以，練習長拳必須熟悉、理解和掌握各種技擊動作的具體內容和運動方法，掌握它們不同的路線、方位及力點，熟悉它們不同程度的用勁和運動速度。

長拳在運動時，有動勢、靜勢、起勢、落勢、立勢、站勢、轉勢、折勢、輕勢、重勢、快勢、緩勢等十二種動靜之勢。以事物的十二種形象來比喻這十二種動靜之勢，借此作為規範化的格式來提出對技術的要求，這就叫做以形喻勢。傳統的富於形象思維的規範化的格式是：

動如濤，靜如岳，起如猿，落如鵲，立如雞，站如松，轉如輪，折如弓，輕如葉，重如鐵，緩如鷹，快如風。

以上總稱為「十二形」。

活動之勢，要使運動氣勢像江海的浪濤那樣激蕩，滔滔不絕，在萬馬奔騰之中仍有明朗感和穩定感，做到「動要有韻」、「動中有靜」。

靜止之勢，要使其塑造得像大山那樣巍峨，似乎任何強大的力量都推它不動似的。

跳起之勢，要有猿猴縱身時的那種機靈、矯健、敏捷的意味。

落降之勢，則要像喜鵲落到樹枝上時的那樣輕穩。

單腿獨立之勢，特別是從活動性動作轉入到靜止性的獨立動作時，要像雞在奔走時突然聽到了什麼，立刻停步卷曲起一隻腳來那樣，顯示出動作的安定穩固。

兩腳站立之勢，要像蒼松那樣剛健、挺拔，在靜止中含有活動的意味，所謂「靜中有動」。

旋轉之勢，要像車輪繞著軸心那樣轉動，善於創造和掌握運動的軸心，這樣才能達到「圓」的要求。

折疊之勢，是指扭身擰腰等轉折的動作，要像弓那樣越折越有力，含有較強的反彈力。

輕飄之勢，要像樹葉那樣輕，才能達到「飄」的要求。

沉重之勢，要像鋼鐵砸下那樣沉重，但「重而忌狠」，不能咬牙切齒。

快速之勢，要像一陣疾風那樣，但「快而忌毛」。快易生躁，火爆可以藏拙，但畢竟會使動作產生不準確的錯誤。

緩慢之勢，要像鷹在空中盤旋那樣精神貫注，慢中有快，但「緩而忌溫」。「慢易生懈」，要防止動作產生鬆懈現象。

以十二形喻十二勢，既形象又生動，易於理解，只要慢慢地體會，能夠促使技術水平逐漸提高。

三、長拳基本練習

長拳的練習除了「基本功」（此部分在叢書之一已介紹）練習之外，主要還包括規範動作規格練習，套路練習以及身體練習等內容。動作規格又可以分為定勢動作練習和動作方法練習。

下面按著定勢動作練習、動作方法練習、套路練習、身體練習這幾個部分進行簡單地介紹。

（一）定勢動作練習

定勢動作的練習是動作規格練習中的一部分。一個完整動作是由開始（預備）姿勢、動作過程（方法使用過程）、結束（定勢）姿勢所組成。

而一個動作的結束也即為下一個動作的開始，所以一個定勢動作的含義決不等於一個動作的靜止。它包含有動迅靜定中的突然「靜止」，而又要在這「靜止」中迅速地變換為「靜中有動」，且伺機而動的態勢。

定勢動作的練習，在長拳練習中不但是具有重要的地位，而且也是長拳練習中，首先應該掌握的練習內容。

定勢動作練習內容包括有：手型練習、步型練習、身型練習等。

長拳中的主要手型有拳、掌、勾手。拳有立拳、平拳等；掌有仰掌、俯掌、立掌、橫掌等；勾手有上、下、左、右之分。長拳中的手型練習是最基本的，也是最容易的。手型的練習一開始可以單獨進行練習。

如拳握好後逐一對照要領進行矯正：五指是否卷緊、拳面是否平展等。掌立好後進行矯正：四指是否併緊、大拇指是否扣緊於虎口處。勾手做好後看一看：五指指尖是否捏攏、腕關節是否屈緊等。

做每一個手型的速度可以由慢做、矯正，到快做、矯正，最後能達到迅速一次成型到位，運作自如。然後再進一步地結合手法、步法、身法等進行練習，使其能在複雜、快速的變換當中不走樣、不變形為止。

長拳中的步型主要有弓步、馬步、仆步、虛步、歇步等。其練習方法，一開始可以單獨的單個步型進行練習。

如：馬步樁、弓步樁、虛步樁等，練習的時間可以由短到長，使之能產生深刻的立體感覺，在建立了正確的規格及良好的半體感覺後，再進行左右弓步交替的行進間練習，以及原地或行進間的弓步與馬步及各步型間的交替互換練習。

最後再結合手法、步法的各種步型的轉換練習（如五步拳練習等）。

步型轉換練習的節奏要由慢到快，由原地練習到行進間練習，直至在較快的動作進行時，都不走樣變形為止。

長拳中的身型要求主要以挺胸、塌腰、收腹等要求為基礎。身型的練習一開始要在併步站立時單獨進行，待動作較為定型及有了較好的本體感覺後，再配合手型、手法、步型、步法等相互進行。

直至處理好頭、胸、腹三個部分不同角度、方向的合理搭配，以及四肢動作的協調配合，從而構成穩健、剛毅、挺拔，雖靜猶動的態勢。

(二)動作分解方法練習

動作分解練習是動作練習中的一個重要部分。如果說「定勢」動作是一個完整動作的開始及結束的話，動作方法則是中間的運行過程。動作方法的練習，包括手法、腿法、步法、身法等練習。

長拳的每個動作中，大體上包括有：動作路線、動作力點、動作用力順序，動作的勁力、節奏等等。

手法和腿法練習，是動作方法練習中的核心內容。步法、身法等所起的作用無非是配合手法、腿法等動作而完成的協調動作。長拳的手法內容非常龐雜，但最基本的手法練習有：衝、亮、掄、擺等。

衝拳的手法是最基本的手法練習內容，衝拳有上衝、下栽、左衝、右衝等。在練習衝拳時首先要考慮它的運行路線，如前衝拳，是由腰間直至正前方，拳頭定點為與大小臂、前臂及肩成一條水平線，另外拳自腰間前行，當肘關節離開身體一側時，拳隨前臂旋轉至前。

其次考慮它的力點要達於拳面，再考慮其用力順序是擰腰、轉肩、順肘、前衝，其節奏是由慢至快，其用勁是空拳及前臂旋轉時加速用力而產生「寸勁」。

如亮右掌時，其路線是自下向右打開後繼續向上至頭上成亮掌，使其在體前、體右、頭上畫一個平行於身體前面的立圓，其用力是當手走至肩左上方時鬆肘、甩前臂、抖腕，加速用力。

手法練習一開始可以進行局部動作的練習，練習中要由慢至快，待初步定型再配合手、眼、身法、步進行練習。

長拳中的腿法內容也很多，可以把它基本的分為：直擺、屈伸、扭轉、擊響等四大類，各類中又有各種不同的動作。如直擺類裡包括正踢、側踢、裡合、外擺、後撩踢等；屈伸類包括有彈、點、蹬、踹等。

腿法練習首先也要考慮其路線、力點、勁力、節奏及用力順序等。如正踢腿，一隻腳向前上小半步，另一腿順勢向前上擺起，當擺腳過胸時，隨之加速用力，力達於腳尖，止點於前額處，使其畫一個前後方向的立圓。

又如在做彈腿時，一腿支撐，另一腿屈膝提起（小腿要放鬆），當大腿提至接近水平部位時，迅速前甩小腿，同時完成挺膝、繃腳面，力達於腳尖，大小腿及腳面成為一條水平的直線。腿法練習起初要進行原地的定位練習，然後再進行行進間的練習，最後再把其放入由簡到繁的組合動作中進行鞏固練習。

四、長拳套路練習

套路練習，是武術練習的最高表現形式，無論你是一位武術愛好者，或是一名優秀的武術運動員，衡量你的標準最終還是套路演練水平。換言之，其他的基本功練習、基本技術練習，以及身體素質練習等等，都是為了做好套路的演練，或者說為套路的演練打下一個基礎。

長拳套路的內容豐富多彩，包括有各種手型、手法、步型、步法、身法、腿法、平衡及翻騰跳躍等等。

但就其套路本身的技術而言，可以基本分為這幾個方面：動作規格在套路中的體現、勁力協調在套路中的體現、

節奏意識在套路中的體現等等。

規範的動作是技術的基礎，抓好規範的動作，就是要使每一個動作都能做到動則有法、定則有勢，動要路線清晰、合理，定要姿勢嚴謹、準確。已經成型了的動作技術要想在整套的演練中得以體現，這就還需要一個艱苦的過程，其中最關鍵的問題就是處理好動作與動作之間的銜接技術，除了要圓滿完成每一個標準動作外，還需做到一個動作的結束必須為下一動作的開始做好準備，這樣才能使動作流暢，使每個規範的動作得以體現。

在整套練習之前要進行必要的組合練習，進行多次的長時間的重複練習，待基本成熟後，再分段練習，分段練習可以從四分之一分段到二分之一分段，再到四分之三分段，最後到整套的演練，這是一個逐步滲透的「滲透訓練法」。使其形成一個由簡到繁、由易到難、由淺入深的練習過程。

勁力協調是演練技術的核心，是在動作規格的基礎上，以上、中、下三節協調用力。內、外相合為途徑，整體合一，發力迅猛剛勁為目的。

對於它的練習方法，以進行重點組合及分段的重複練習為主，不斷強化，最後達到融會貫通，在完整套路練習中再進一步鞏固、強化。

節奏是套路演練效果的重要體現，簡單地說，武術動作的節奏包括動與靜、起與伏、高與低、快與慢、剛與柔、輕與重等矛盾的兩個側面，在練習過程中要充分地體現出節奏分明，演練效果才會更好。

所謂武術意識，主要是指動作的攻防意識。它是武術套路的本質。它需要在理解動作攻防含義的基礎上，通過眼及

身型、身法及對配合動作的動作處理來表現。經由長時間的重複練習，有意識地提高武術意識，使其融於每個技術動作中，才能達到形神合一。

五、長拳身體練習

長拳的身體素質是指在完成長拳各類技術及拳路演練時所必備的身體和能力。

身體訓練是學習技術，以及提升和保持技術水平和套路練習的基礎。身體訓練可分為一般與專項兩種，專項身體訓練是直接發展本專項所需要的素質，而一般身體訓練則是為了促進身體的全面發展。要在一般的全面身體訓練的基礎上來提高專項身體訓練水平。如採用槓跑、中長跑、變速跑來增加練習者的耐力及心肺功能。採用槓鈴、壺鈴等舉重器械來發展練習者的力量等。

長拳中有許多跳躍動作，要想跳得高、蹦得遠，就需要有很好的爆發力。練習爆發力的方法很多，但經過實踐，有效方法有：槓鈴深蹲快起4～6次──原地縱跳10～15次──30公尺衝刺跑3～4次。此三個練習要連接的緊密為一個練習組，根據情況做4～6組。

在選擇槓鈴的重量上，要選擇自己深蹲最大重量的20%左右。如果沒有槓鈴，可以採用其它的負重（如扛人等）練習。各部分的力量可以單一進行，也可以綜合進行練習。

如安排：跳凳子（左右腿交替蹬跳）50次──30公尺衝刺跑3次──肋木舉腿若干次──換跳腿單拍腳左右腿各10次──俯臥撐若干次──俯臥兩頭撬50次──靜止兩頭

撬 30～50 秒鐘。以上幾站為一組，共做 4～6 組。該練習對各部位的力量、速度等是一個很好的提升。

要提升整套的力量、速度耐力等，可以採用 1 分 30 秒練習法：縱跳 10 次——仆步穿掌 10 公尺——馬步樁 10 秒，此三個練習循環往復，當循環到 1 分 20 秒左右時接做 20～30 公尺衝刺跑 2～4 次。

以上每個練習間要銜接的緊密連貫，根據練習者的能力可安排 4～6 組。練習也可以採用遊戲的方法進行。如：蛙跳 20 公尺——立臥撐 20 次——回頭（向來的方向）單足跳 20 公尺。把此組練習可分成兩個人或兩組人進行接力比賽，以提升練習者的練習情緒及練習效果。

另外，提升專項耐力的分段間歇練習法：練習一個 1／2 套或 3／4 套，間歇 1 分鐘後，再做第二次練習，練習 4 次左右為一組。一次練習可以安排 3 組左右。

這種方法即能在較高程度上保證動作質量，又可以有效地增加血乳酸含量，發展無氧糖酵解的能力，是一個提升專項耐力的較好手段。

第二節 長拳基本技術

一、基本動作

(一)手　型

1. 拳：

四指併攏捲握，拇指梢節屈壓於食指中節上。拳心朝上（下）為平拳；拳眼朝上（下）為立拳（圖1）。

【要點】：拳握緊，拳面平，直腕。

2. 掌：

四指伸直併攏，拇指梢節屈扣於虎口處。手腕伸直為直掌；向拇指側伸，掌指朝上為立掌（圖2）。

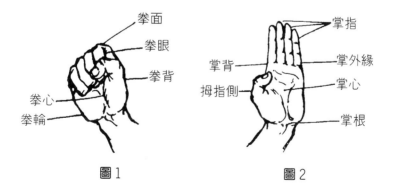

圖1　　　　　　圖2

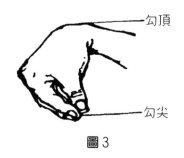

勾頂

勾尖

圖3

【要點】：掌心開展，豎指。

3. 勾：

五指尖捏攏在一起，屈腕（圖3）。

【要點】：五指不要過屈。

(二)步 型

1. 弓步：

兩腳併步站立，兩手握拳分別抱於腰側，拳心向上，左腳向前邁出一步（約本人腳長的4～5倍），屈膝半蹲，大腿呈水平，腳尖微內扣，膝與腳尖垂直；右腿挺膝伸直，腳尖向斜前（約45°），兩腳全腳著地。上體正對前方，目視前方（圖4）。

【要點】：挺胸、塌腰、沉髖，前腳與後腳跟內側成一直線。

2. 馬步：

兩腳平行開立（約本人腳長的三倍），腳跟外蹬、屈膝半蹲，大腿呈水平，膝部不超過腳尖，兩手

圖4

握拳分別抱於腰間，目視前方（圖
5）。

【要點】：挺胸、塌腰、直背，
膝微內扣。

3.扑步：

兩腳平行開立（約本人腳長的四
倍），右腿屈膝全蹲，大腿和小腿靠
緊，臀部接近小腿，腳尖和膝關節稍
外展；左腿挺膝伸直平扑於地面，腳
尖內扣，兩腳全腳掌著地，兩手握拳
分別抱於腰側。目視左前方（圖6）。

圖5

【要點】：挺胸、塌腰、沉髖。

4.虛步：

兩腳前後開立，右腳外展 45°，屈膝半蹲，大腿接近水
平；左腳腳跟離地，腳面繃平，腳尖稍內扣並虛點地面，膝
微屈，重心落於後腿。兩拳分抱於腰側。目視前方（圖7）。

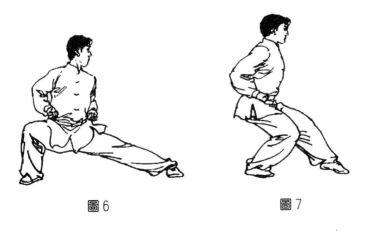

圖6　　　　　　　　圖7

【要點】：挺胸、塌腰、虛實分明。

5. 歇步：

兩腿交叉全蹲，左腳全腳掌著地，腳尖外展；右腳前腳掌著地，膝部貼近左膝外側，臀部坐於右腿接近腳跟處。兩手抱拳於兩腰側。目視左前方（圖8）。

【要點】：挺胸、塌腰、兩腿靠攏貼緊。

圖8

(三)手　法

1. 衝拳：

兩腳併步站立，兩手握拳分別抱於腰側，拳心向上，肘尖向後。目視前方（圖9）。左拳從腰間向前推出，當肘關節離開身體一側時，左前臂內旋並加速用力，力達於拳面，臂伸直高與肩平。同時右肘向後牽拉。目視前方（圖10）。

【要點】：挺胸、收腹、擰腰、順肩、快速有力。

圖9　　　　　　　　　圖10

圖 11　　　　　　　　　圖 12

2. 劈拳：

兩腳併步站立，兩手握拳分別抱於腰側，拳心向上、肘尖向後，目視前方（圖 11）。右拳向左、向上經頭上方向右下快速揮落，臂伸直，高與肩平。目視右拳（圖 12）。

【要點】：鬆肩、直臂、臂掄成立圓，力達拳輪。

3. 推掌：

預備姿勢與衝拳同（圖 13）。左拳變掌，由腰間向前立掌推出（當肘關節離開身體一側時，前臂內旋並加速前伸），臂伸直，高與肩平。同時右肘向後牽拉。目視前方（圖 14）。

【要點】：挺胸、收腹、立腰；擰腰、順肩，出掌快速有力，力達掌外緣。

圖13   圖14

4.亮掌：

併步站立（圖15）。右拳變掌，由腰間向右、向上畫弧至頭部右上方，前臂內旋，肘微屈，臂成弧形，虎口朝下，掌指朝左，掌心朝前上方。目視前方（圖16）。

【要點】：挺胸、收腹、立腰、抖腕。

圖15   圖16

5. 架掌：

併步站立，與衝拳相同（圖17）。右拳變掌，自腰間向左經腹前、面前向頭上方旋臂架起，臂微屈，虎口朝下，掌心朝前上方。目視前方（圖18）。

【要點】：架掌時前臂內旋，鬆肩，上架以掌外沿為力點。

6. 挑掌：

併步站立，與衝拳相同（圖19）。右拳變掌。自腰間經右向上弧形擺起，當擺至將近水平時，使掌抖腕豎起成立掌，掌指朝上，掌外沿朝右。目視右側（圖20）。

【要點】：沉腕要快速有力，力達掌指。

圖17

圖18

圖 19   圖 20

(四)腿　法

1. 正踢腿：

兩腳併步站立，兩臂成側平舉，立掌。目視前方（圖
21）。左腿支撐；右腿挺膝，腳尖勾起向前額處快速擺起。
目視前方（圖22）。

圖 21   圖 22

【要點】：挺胸、收腹、立腰；腿上擺過腰後加速用力，收腹、收髖，上體正直。

2. 單拍腳：

兩腳前後站立，左手握拳抱於腰間，右掌在頭右前上方舉起，掌心朝前。目視前方（圖23）。左腿支撐，右腿挺膝，腳尖繃直，向前上方快速擺起，當腳擺踢至面前時，右掌迎擊腳面。目視前方（圖24）。

【要點】：收腹、立腰；擊拍腳要脆、快、響。

3. 彈腿：

左腿支撐，右腿屈膝提起呈接近水平，兩拳抱於兩腰側。目視前方（圖25）。上動不停，小腿猛力向前甩擺、挺膝、力達腳尖。大小腿水平成一條線。目視前方（圖26）。

【要點】：挺胸、立腰、收髖；彈踢要有寸勁。

圖23

圖24

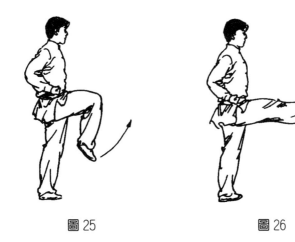

圖25　　　　　　　　　　圖26

4. 蹬腿：

左腿支撐，右腿屈膝提起，膝部過腰，兩拳抱於兩腰側。目視前方（圖27）。上動不停，以腳跟為力點向前猛力蹬出，挺膝，大小腿成一條線，腳高過腰。目視前方（圖28）。

【要點】：挺胸、立腰、腳尖勾緊；蹬出要脆、快、有力。

5. 側踹腿：

右腿支撐，左腿屈膝提起，腳內扣，腳尖勾起；兩手掌在胸前交叉成十字，身體微向右傾。目視左前方（圖29）。上動不停，以腳跟為力點，向左上方橫腳伸出，腳高過肩，上體右傾，兩掌順勢向兩側撐開。目視左腳（圖30）。

【要點】：挺膝、展髖；踹腿要脆、快、有力。

圖 27

圖 28

圖 29　　　　　　　　圖 30

二、組合動作

組合（一）

預備勢→馬步雙劈拳→弓步衝拳→彈腿衝拳→弓步衝拳→馬步衝拳→併步抱拳

動作說明

預備勢

併步抱拳：兩腳併步站立，兩手握拳抱於腰兩側，拳心朝上。目視前方（圖31）。

1. 馬步雙劈拳

左腳向左開步，屈膝下蹲成馬步。同時兩拳自腰側向內伸向腹前交叉（左拳在內，右拳在外）以後，前臂外旋向上經胸、面前，上舉過頭後，分別向左右兩側劈落，高於肩平，拳眼朝上。目視左拳（圖32）。

圖31

圖32

2. 弓步衝拳

左腳跟與右腳掌同時碾轉使上體左轉，左腿屈膝，右膝挺直，成左弓步。同時，左拳收抱於左腰側（拳心朝上）；右拳收經腰右側後向前立拳衝出，高與肩平，力達拳面。目視右拳（圖33）。

圖33

3. 彈腿衝拳

重心前移，右腿屈膝提起，當大腿抬至近似水平後，小腿快速向前甩彈，挺膝、繃腳面，大小腿平直。同時右拳收至腰右側；左拳自腰側向前立拳衝出，高與肩平。目視左拳（圖34）。

4. 弓步衝拳

右腳後落，膝挺直，腳尖朝斜前45°，左膝屈膝半蹲成左弓步。同時左臂外旋收至腰右側；右拳自腰側向前立拳衝出，高與肩平。目視右拳（圖35）。

圖34

圖35

圖 36   圖 37

5. 馬步衝拳

左腳尖內扣，右腳跟裡收，上體右轉，兩腿屈膝半蹲成馬步。同時右臂外旋使拳心朝上，屈肘收於腰右側；左拳隨即向左側立拳衝出，高與肩平。目視左拳（圖 36）。

6. 併步抱拳

左腳收於右腳內側，兩腿並隨之挺膝立起。同時左拳收抱於腰左側。目視前方（圖 37）。

組合（一）的要點、攻防含義、易犯錯誤及糾正方法

【要點】：身體要挺胸、塌腰、收腹、下頜微收；衝拳要有勁力，力點達於拳面，彈腿力點要達於腳尖；衝拳時要擰腰、順肩；弓步衝拳接馬步衝拳重心要平穩。

【攻防含義】：雙劈拳是以小指一側拳輪為力點向對方頭、肩等處劈擊；弓、馬步衝拳是以拳面為力點；向對方胸、腹等部位擊打。

【易犯錯誤】：劈拳與馬步、衝拳與弓步、馬步，不能完整一致。

【糾正方法】：雙劈拳時要在下蹲的同時下劈；馬步變弓步衝拳，弓步變馬步衝拳時，要在蹬腿、轉胯形成弓步（或馬步）的同時順勢衝拳。以上動作可以面對鏡子反覆練習，或由同伴協助的情況下反覆練習。

此組合可以把左右側動作交換，如（圖38～43），進行往返練習。

圖38   圖39

圖40   圖41

圖 42　　　　　　　　　圖 43

組合（二）

預備勢→弓步推掌→仆步擺掌→弓步勾手推掌→馬步亮
掌→併步抱拳。

動作說明

預備勢

併步抱拳：兩腳併步站立，兩手握拳抱於腰兩側，拳心
向上。目視前方（圖44）。

1. 弓步推掌

上體左轉，左腳向左前方上步，屈膝半蹲，大腿接近水
平；右腳跟外碾，右腿挺膝伸直，成左弓步。同時左拳變
掌，前臂內旋，向前立掌推出，高與肩平。目視左掌（圖
45）。

2. 仆步擺掌

重心後移，上體右轉，右腿屈膝全蹲；左腿挺膝，腳跟
外蹬，成左仆步。同時左掌自左經上向右畫弧擺至右肩前成

圖44　　　　　　　圖45

立掌。掌心朝右。目視左前方（圖46）。

3. 弓步勾手推掌

　　左腳尖外展，左腿屈膝半蹲，右腿挺膝成左弓步。同時左掌向左經左腳面上方向左後畫弧至身後成勾手，臂伸直勾尖朝上；右拳變掌，前臂內旋，立掌向前推出，臂與肩平，力達掌外沿。目視右掌（圖47）。

圖46　　　　　　　圖47

4. 馬步亮掌

①右臂屈肘回收，右掌掌心朝下在左胸前下按，左勾手變掌，回收經腰左側、右掌背上、仰掌向前上穿出，力達掌尖。目視左掌（圖48）。

②左腳尖內扣，上體右轉，右腿屈膝半蹲成馬步。同時左前臂內旋，向左上屈肘抖腕亮掌於頭上方，掌心向前上

圖48

方；右掌沉腕，立於左胸前，掌心朝左，頭隨之右擺。目視右前方（圖49）。

5. 併步抱拳

左腳收至右腳內側，兩腿並隨之挺膝立起。同時右掌收於腰右側抱拳；左掌收於腰左側抱拳。目視前方（圖50）。

圖49

圖50

組合 (二)的要點、攻防含義、易犯錯誤及糾正方法

【要點】：仆步與擺掌要同時完成，亮掌與甩頭要同時完成。

【攻防含義】：用左掌擊打對方胸部或腹部，對方閃開用右腳彈踢我左膝或小腿部位，我迅速後移重心閃開後，復又用左手抓擄對方腳踝，再順勢用右掌擊打對方腹部。

【易犯錯誤】：推掌與弓步不能完整一致，穿掌與亮掌之間動作有起伏。

【糾正方法】：在原地反覆地體會屈膝成弓步同時推掌；對著鏡反覆做穿亮掌練習，或反覆做弓步變馬步、馬步變弓步的練習。

此組合可以把動作的左右側交換，如（圖51～56），進行往返練習。

圖51

圖52

圖 53

圖 54

圖 55

圖 56

圖 57

長拳入門與精進

組合（三）

預備勢→歇步十字手→側踹腿撐掌→拗弓步衝拳→順弓
步衝拳→併步抱拳

動作說明

預備勢

併步抱拳：兩腳併步站立，兩手握拳置於腰兩側，拳心
向上。目視左前方（圖57）。

1. 歇步十字手

左腿支撐，右腳提起向左腳左後方插步，前腳掌著地，
兩腿交叉屈膝全蹲，右膝部貼近左小腿外側，臀部坐於右小
腿靠近腳踝處。同時兩拳變掌，向外經下向內，在腹前交叉
後，向上於胸前成十字手，左掌在外，掌心向右前下；右掌
在內，掌心向左前下。目視前方（圖58）。

2. 側踹腿撐掌

重心移至右腿，並挺膝立起；左腿屈膝提起，隨即以腳
跟為力點，橫腳向左上方踹出。同時兩掌向左右兩側撐開，
掌心向外，手指朝前。目視左腳（圖59）。

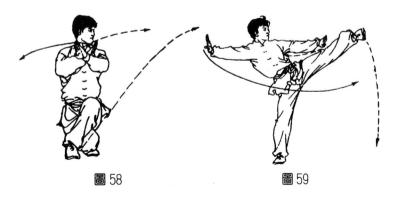

圖58　　　　　　　　　圖59

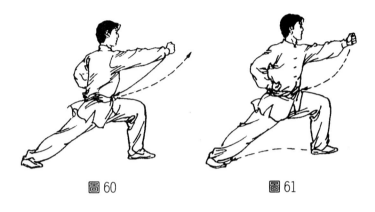

圖60　　　　　　　　　圖61

3. 拗弓步衝拳

左腳向左前方落步，腳尖外展，屈膝半蹲；右腳跟外蹬，右膝挺直成左弓步。同時上體左轉，左掌變拳收抱於腰左側，拳心朝上；右掌變拳收經腰右側後，擰腰、順肩向前立拳衝出，高與肩平。目視右拳（圖60）。

4. 順弓步衝拳

兩腳不動，右前臂外旋屈肘收手右腰間抱拳，拳心朝上；左前臂內旋，立拳向前衝出，高與肩平。目視左拳（圖61）。

5. 併步抱拳

左腳收於右腳內側，兩腿並隨之挺膝立起。同時左拳收抱於腰左側。目視前方（圖62）。

【要點】：踹腿時，勾腳、挺膝、展髖、身體側傾，力點要達於腳跟；踹腿與撐掌要完整一致。

【攻防含義】：用左腳踹擊對方的胸、頭等部位，對方閃開後，我又前落步用左右拳擊打對方的胸、腹等部位。

【易犯錯誤】：踹腿或上擺腿。

【糾正方法】：在原地做屈膝提起、側上踹腿的分解練習，以體會動作由屈至伸的要領要求。也可以面對鏡子進行反覆的矯正練習。

此組合可以把動作的左右側交換，如（圖63～67），進行往返練習。

圖 62

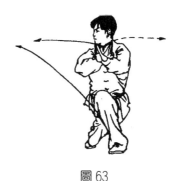

圖 63

圖 64

圖 65

圖 66　　　　　　　　　　　圖 67

組合 (四)

預備勢→弓步撩掌→虛步切掌→單拍腳→弓步頂肘→併
步抱拳

動作說明

預備勢

併步抱拳：兩腳併步站立，兩手握拳抱於腰兩側，拳心
朝上。目視前方（圖 68）。

1. 弓步撩掌

①兩拳變掌向內在腹前交叉，掌心朝內，右手在外，左
手在內。目視兩手（圖 69）。

②左腳向左側橫開一步，隨之身體微左轉成半馬步。同
時右手自下經左、經頭上立圓繞擺至頭右後上方；左手經下
向左擺至左斜前下方，掌心朝下。目視左掌（圖 70）。

③重心左移，左腿屈膝半蹲，右腿隨之挺膝、腳跟外蹬
成左弓步。同時右手經下向前撩掌至左膝前方，掌心朝上；
左掌向下按附於右前臂上。目視右掌（圖 71）。

圖 68

圖 69

圖 70

圖 71

2. 虛步切掌

重心後移，右腿屈膝半蹲，左腳隨之後撤，腿微屈，腳尖虛點地面成左虛步。同時左掌從右掌上向前下方橫掌切出，掌外沿朝前，掌指朝右；右掌變拳，收抱至腰右側。目視左掌（圖 72）。

圖 72

3. 單拍腳

①重心前移，兩腿挺膝立起。同時左手上擺至頭前上方；右拳變掌向上擺至頭前上方，並用左手掌心迎擊右掌背，掌心朝前。目視前方（圖73）。

②重心繼續前移，左腿支撐，右腿挺膝、繃腳面，向上擺起，當腳擺至面前時，右手掌心迎擊右腳面，左手隨之擺至左後上方。目視右手（圖74）。

4. 弓步頂肘

①右腿下落提膝（不落地）。同時右掌變拳屈肘收於胸前，拳心朝下；左臂屈肘下落至胸前，立掌附於右拳上，肘向後牽拉。目視雙手（圖75）。

② 右腳向前落步屈膝半蹲，左腿隨之腳跟外蹬伸直成右弓步。同時左手掌心推送右拳，使右肘向前頂出。目視右肘（圖76）。

圖73

圖74

圖 75　　　　　　　　　　圖 76

5. 併步抱拳

右腳收於左腳內側，兩腿隨之挺膝立起。同時右拳收抱於腰右側；左掌變拳收抱至腰左側。目視前方（圖77）。

【要點】：撩掌時，右臂要繞成立圓，力點要達於掌心；單拍腳擊響要乾脆，響亮；頂肘的力點要達於肘尖。

【攻防含義】：用右掌掌心撩擊對方襠、腹等部位；用右腳踢擊對方頭部；用右肘撞擊對方胸、腹、肋等部位。

【易犯錯誤】：撩掌與弓步不完整一致；頂肘與弓步不能完整一致。

【糾正方法】：後蹬腿成弓步的同時撩掌及頂肘，要在原地做反覆的單獨練習，也可以側對鏡子進行反覆練習及把動作放慢，進行上下肢的配合的體會。

此組合可以把動作的左右側交換，如（圖78～86），進行往返練習。

圖 77

圖78

圖79

圖80

圖81

圖 82　　　　　　　圖 83　　　　　　　圖 84

圖 85

圖 86

組合 (五)

預備勢→插步雙擺掌→弓步勾手推掌→掄臂正踢腿→馬步盤肘→併步抱拳

動作說明

預備勢

併步抱拳：兩腳併步站立，兩拳分別抱於腰兩側。目視前方（圖 87）。

1. 插步雙擺掌

①左腳向左側橫開一步，重心右移。兩拳變掌同時向右擺至近似水平，上體隨之右轉，雙手指尖向前。目視右手（圖 88）。

②右腳向左腳左後方插步，前腳掌著地，膝關節自然伸直，左腿隨之屈膝半蹲。同時兩臂自右經頭上，向左繞擺至體左側，左臂與肩平，掌指朝上；右手立掌於左胸前。目視左掌（圖 89）。

圖 87

圖 88

圖89　　　　　　　　　　圖90

2. 弓步勾手推掌

左腳向左後方撤一步成右弓步，右腿支撐後屈膝半蹲。同時右掌向右後摟手後變勾手，勾尖朝上；左掌收經腰左側後，立掌向前推出，臂與肩成水平。目視左掌（圖90）。

3. 掄臂正踢腿

①兩腳以腳前掌為軸向左後轉體180°。同時左臂向上畫半圓；右臂向下畫半圓。目視左手（圖91）。

②兩腳不動。左手繼續向下繞至後下方；右手向上繞至上方，重心稍前移，右腳跟提起。目視前方（圖92）。

③左腿支撐，右腿伸直，腳尖勾起向上踢至前額前。同時左手自後下方上繞至頭上亮掌，掌指朝右；右手自上向下經體右側繞至右後方成勾手，勾尖朝上。目視前方（圖93）。

4. 馬步盤肘

①右腳向前落步，腳尖裡扣。右勾手變掌稍上擺；左手經面前下按至右胸前，掌心朝下。目視左掌（圖94）。

圖 91

圖 92

圖 93

圖 94

圖 95

圖 96

②上體左轉約 90°，兩腿屈膝半蹲成馬步。同時左掌向左平攦後變拳收抱於腰左側，拳心向上；右手向左平擺，當擺至體前時握拳屈肘成盤肘，肘尖向前，高與胸平，拳心向下。目視右肘（圖 95）。

5. 併步抱拳

右腳收至左腳內側。兩腿隨之挺膝立起。同時右拳收抱至腰右側。目視前方（圖 96）。

【要點】：掄臂肘，兩臂要立掄成圓，踢腿與亮掌要同時完成。

【攻防含義】：對方向身後攻擊，我迅速轉身隨之用左、右掌劈擊對方頭部，復又用右腳踢對方頭部；對方用左拳擊打我胸部，我用左手將其左手腕攦住並向左拉帶，再順勢用右臂盤鎖住對方頸部。

【易犯錯誤】：擄手與盤肘動作不協調、不連貫，盤肘與馬步不能完整一致。

【糾正方法】：擄手、盤肘動作要連貫，可以把此動作單獨進行反覆練習。也可以由同伴配合進行攻防演練，以體會動作順序。盤肘與馬步要同時完成，以求動作完整，把此動作進行單獨的反覆練習，練習可由慢至快，直至配合得能快速一致為止。

此組合可以把動作的左右側交換，如（圖97～105），進行往返練習。

圖97　　　　　　　　圖98

圖99

圖100

圖101

圖102

圖 103

圖 104

圖 105

第三節 長拳基礎套路

一、長拳基礎套路（一）

動作名稱

起 勢

1. 預備勢

2. 併步抱拳

第一段

(一)馬步雙推掌

(二)半馬步格打

(三)弓步衝拳

(四)彈腿衝拳

(五)弓步推掌

(六)換跳步馬步壓肘

(七)馬步抓肩

(八)震腳栽拳

第二段

(九)弓步頂肘

（十）提膝穿掌

（十一）仆步穿掌

（十二）震腳擄手

（十三）右蹬腳

（十四）弓步衝拳

（十五）馬步衝拳

（十六）震腳砸拳

收　勢

1. 併步抱拳

2. 還　原

動作說明

起　勢

1. 預備勢

兩腳併步站立，兩臂垂於體兩側，五指併攏貼靠於腿外側。目視前方（圖106）。

【要點】：挺胸、收腹、立腰、頭正、下頜微收。

【易犯錯誤】：含胸、頭不正。

【糾正方法】：面對或側對鏡子進行自我調整，或由同伴幫助糾正動作。

圖106

圖107

圖108

2.併步抱拳

兩腳併步站立，兩手握拳，屈肘抱於腰兩側，拳心向上，拳面向前。目視前方（圖107）。

【要點】：挺胸、立腰、收腹、兩肘向後牽拉。

【易犯錯誤】：兩肩上聳，兩肘外展。

【糾正方法】：兩肩肌肉放鬆使肩下沉；兩上臂夾緊從而避免兩肘外展。

第一段

(一)馬步雙推掌

左腳向左側橫開一步（距離約本人三腳寬），兩腿屈膝半蹲成馬步。同時兩拳變掌，兩前臂內旋向前立掌推出，兩臂與肩平。目視前方（圖108）。

圖109

【要點】：馬步兩腳尖微內扣，兩膝微扣，大腿呈水平。

【攻防含義】：用兩掌推擊對方的腹部或胸部。

【易犯錯誤】：先推掌然後下蹲成馬步，造成勁力不完整。

【糾正方法】：先開步，在下蹲成馬步的同時推掌。兩動作可以分解練習，待熟練後再連貫進行。

(二)半馬步格打

重心稍右移，左腳尖外展。同時右掌變拳收抱於腰右側；左掌變拳，豎前臂向左格打，拳背朝左。目視左拳（圖109）。

【要點】：左轉、格打要同時完成，力點達於前臂外側。

【攻防含義】：假設對方用拳擊打我左側，我左轉身順勢用左前臂格開來拳。

圖110

【易犯錯誤】：先轉身、後格打。

【糾正方法】：左轉身的同時，順勢豎肘向左格打，此動作要做單獨的多次重複練習。

(三)馬步衝拳

右腳跟外蹬，膝部隨之挺直成左弓步。同時左拳收抱於腰左側；右拳自腰間平拳向前衝出，高與肩平，拳心朝下，力達拳面。目視右拳（圖110）

【要點】：弓步時右腿蹬直，腳跟不得離地；衝拳時要擰腰、順肩。

【攻防含義】：接上動，在格打開對方之拳後，迅速衝右拳擊打對方胸、腹部。

【易犯錯誤】：先衝拳後成弓步。

【糾正方法】：要反覆體會衝拳的發力順序；蹬後腿、轉腰、順肩衝拳。

圖111

(四) 彈腿衝拳

重心前移，左腿挺膝立起，右腿隨之屈膝提起，繃腳面猛力向前彈出，高與腰平。同時右拳收抱至右腰側；左拳自腰間向前平拳衝出，高於肩平。目視左拳（圖111）。

【要點】：彈腿力點達於腳尖，衝拳與收拳同時完成。

【攻防含義】：在左拳擊打對方胸部的同時，右腳彈踢其襠部或腹部。

【易犯錯誤】：彈踢腿做成上擺腿。

【糾正方法】：彈踢腿是一個屈伸性的腿法，它是當大腿抬至近似水平時，小腿迅速向前甩彈。

在練習時先體會動作的順序；先抬大腿再甩彈小腿。要在原地做多次的重複練習。

圖 112

（五）弓步推掌

右腳向前落步，屈膝半蹲成右弓步。同時左拳收抱至腰左側；右拳變掌自腰側向前立掌推出，臂與肩平，力達掌外沿。目視右掌（圖112）。

【要點】：推掌時要擰腰順肩要快速有力。

【攻防含義】：用掌外沿擊打對方的胸部或腹部。

【易犯錯誤】：先推掌後成弓步，使之勁力不足。

【糾正方法】：在原地多次重複的體會動作順序，按順序還可以分解進行；先落步，然後在下蹲成弓步的同時推掌。

圖 113　　　　　　　　圖 114

(六) 換跳步馬步壓肘

1. 重心後移，左腿稍屈，右腳隨之後撤半步，前腳掌著地。同時右手向左，左拳變掌向右，左手向右手外在腹前交叉。目視右手（圖 113）。

2. 右腿屈膝提起。同時左手經腹前向後擺至斜平舉；右手自左經頭上繞至頭前方做攜手。目視右手（圖 114）。

3. 左腳蹬地跳起，身體在空中右轉約 100°。同時右掌下落至體右側；左手握拳舉至頭上方。目視前下方（圖 115）。

4. 左、右腳依次落地，並屈膝半蹲成馬步。同時右手握拳收抱於腰右側；左拳屈肘下壓至胸前，前臂平，拳心朝上。目視左拳（圖 116）。

圖 115

圖 116

　　【要點】：兩臂掄繞成立圓，馬步與壓肘要同時完成，壓肘的力點達前臂接近肘關節處。

　　【攻防含義】：假設對方用拳向我頭部劈來，我收步收手閃開後，迅速用右手上抓對方之拳。並隨之臂外旋向下、向右攦帶；左臂屈肘用前臂壓擊對方肘關節處。

　　【易犯錯誤】：手腳配合不協調。

　　【糾正方法】：此動作可以做原地的不騰空分解練習；收手收腳、上右步上攦右手、上左步成馬步壓左肘。在原地做多次的重複，待熟練後再做騰空的完整練習。

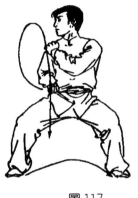

圖117　　　　　　　　　　　圖118

(七)馬步抓肩

兩腳不動，左拳變掌抓按於右肩上。目視左手（圖117）。

【要點】：左手按肩要緊，肩部肌肉要緊張有上頂之勢。

【攻防含義】：見下動（震腳栽拳）。

(八)震腳栽拳

重心移至左腿，右腳隨之提起收至左腿內側，並用力向下跺踏。同時右拳自腰側向右後繞至頭右側後翻前臂向下栽拳，拳心向後，拳面朝下。目視右方（圖118）。

【要點】：栽拳要由上而下垂直，力達拳面。

【攻防含義】：假設對方推按我右肩，我迅速用左手抓壓住對方之手，用右臂自後繞過對方之臂後猛力將拳下栽，將對方之臂反關節別住。

圖119   圖120

【易犯錯誤】：左掌抓按不緊、繞臂栽拳時左掌離開右肩。

【糾正方法】：可由同伴配合進行攻防練習，體會動作的要領及要求。

第二段

(九)弓步頂肘

1. 身體立起，左腿支撐，右腳跟提起。同時左臂向左擺起，高與肩平；右臂擺至胸前屈肘。目視左手（圖119）。

2. 身體稍右轉，右腳向右前方上步，屈膝半蹲，左腿隨之挺膝蹬直成右弓步。同時左掌心附於右拳面，向右前推送，使之肘尖向前頂出。目視肘尖（圖120）。

【要點】：頂肘時右前臂要始終保持水平，肩要鬆，力點要達於肘尖。

【攻防含義】：用肘尖擊打對方的胸部或腹部等。

圖 121 　　　　　　　　 圖 122

【易犯錯誤】：肘由下向上挑。

【糾正方法】：在原地做肘端平由左向右平移，平移到最後時發力，使力達肘尖。動作由慢做到快做，待熟練後再做完整練習。

（十）提膝穿掌

1. 重心左移，身體左轉，右腳尖內扣，身體立起。同時左掌變拳收抱於腰左側，拳心向上；右拳變掌，向下經右向上繞至面前做按掌，屈肘，掌心向下，掌外緣向前。目視右掌（圖 121）。

2. 左腿挺膝伸直，右腿隨之屈膝提起。同時左拳變掌，自腰側經右手背向前上方穿出；右掌收勢收於左腋下，掌心朝下。目視左掌（圖 122）。

【要點】：提膝與穿掌要同時進行，穿掌的力點要達於掌指尖。

【攻防含義】：假設對方用拳擊我後腦，我迅速轉身並

圖 123

用右掌把來拳蓋下，用左掌尖穿插對方面部或喉部。

【易犯錯誤】：轉身與蓋掌不協調一致，右臂不走立圓。

【糾正方法】：把轉身蓋掌進行單獨的重複練習，或由同伴配合進行攻防練習。

(十一)仆步穿掌

左腿屈膝全蹲，右腿隨之向右側伸出落步成仆步。同時右掌經腹前，沿右腿內側穿至右腳面。目視右掌（圖123）。

【要點】：穿掌時兩臂成一條線，力點要達於掌指尖。

【攻防含義】：右掌繼續向前上穿挑對方的襠部或腹部。

【易犯錯誤】：穿右掌不貼身。

【糾正方法】：在原地做反覆貼身穿送，穿掌時要配合身體前傾及重心前移。

圖124　　　　　　　　圖125

（十二）震腳擰手

1. 右腳尖外展，重心前移，右腿稍屈膝，左腿蹬直、提踵。同時左手向下經體左側擺至身前，掌心朝外，掌指朝右，虎口朝下；右手上擺後抓按於左手腕部。目視左手（圖124）。

2. 左腳提起向右腳前方落步並用力跺踏，屈膝腳尖外展，右腳隨之腳跟提起。同時左前臂外旋擰手後握拳收至左胯步旁，拳心向上。目視前方（圖125）。

【要點】：擰手時要旋臂擰握；左拳回收與震腳要同時完成。

【攻防含義】：見下動（右蹬腿）。

【易犯錯誤】：擰手時不旋擰，身體不配合擰轉。

【糾正方法】：在原地根據要領進行反覆練習，或由同伴配合，握住同伴手腕進行擰擰。

圖 126

(十三)右蹬腳

右腳勾腳尖提起後，向前猛力蹬出，力達腳跟。目視右腳（圖126）。

【要點】：蹬腿力點達於腳跟。

【攻防含義】：假設對方向我腹部衝拳，我左手攦住其手腕向腰左側拉帶，右腳順勢蹬其頭部或其他部位。

【易犯錯誤】：把屈伸性的蹬腿做成上擺腿。

【糾正方法】：把動作分解成：勾腳提膝、前蹬腳兩個部分，進行重複練習；或面對沙包進行蹬腿練習。

圖 127   圖 128

（十四）弓步衝拳

右腳向前落步並屈膝成弓步。同時右手握拳收抱於腰右側；左拳向前衝出。高與肩平。目視左拳（圖 127）。

【要點】：蹬腿、擰腰、順肩、衝拳要協調連貫，力達拳面。

【攻防含義】：用左拳擊打對方的胸部或腹部。

【易犯錯誤】：先成拳，後做弓步。

【糾正方法】：要反覆體會衝拳的發力順序，即：蹬腿、轉腰、順肩衝拳。

（十五）馬步衝拳

上體左轉 90°，右腳尖內扣，重心左移，屈膝半蹲成馬步。同時左拳收抱於腰左側；右拳自腰間向右平拳衝出，高與肩平。目視右拳（圖 128）。

圖129

【要點】：挺胸、塌腰、兩腳尖、兩膝微內扣。

【攻防含義】：用拳擊打對方的胸、腹或腰、背等處。

【易犯錯誤】：先衝拳後轉腰成馬步。

【糾正方法】：左轉身借助腰力同時衝右拳，此動作要單獨多次重複練習。

(十六)震腳砸拳

重心左移，右腿屈膝提起，收至左腿內側後，用力向下跺踏，並隨之併步半蹲。同時左拳變掌向前伸出；右拳經上向下砸於左掌上，拳心朝上。目視右拳（圖129）。

【要點】：砸拳要乾脆有力。

【攻防含義】：在對方處於低姿勢時，用右拳砸擊其頭、頸、肩等處。

【易犯錯誤】：先震腳後砸拳，造成動作勁力不完整。

【糾正方法】：進行單獨的多次重複的練習。

圖 130

圖 131

收　勢

1. 併步抱拳

兩腿挺膝立起；同時左掌變拳收抱於腰左側；右拳收抱於腰右側。目視前方（圖130）。

【要點】：挺胸、立腰，挺膝立起與兩拳收抱要同時完成。

【易犯錯誤及糾正方法】：同起勢時的抱拳動作。

2. 還　原

兩拳變掌，下落於兩大腿外側，拳心向內。目視正前方（圖131）。

【要點】：挺胸、收腹、立腰，頭正、下頜微收。

【易犯錯誤及糾正方法】：同起勢　時的預備姿勢。

二、長拳基礎套路（二）

動作名稱

起　勢
1. 預備勢
2. 併步抱拳

第一段
（一）弓步摟手衝拳

（二）弓步撩拳

（三）仆步切掌

（四）弓步雙架掌

（五）震腳弓步雙推掌

（六）轉身歇步衝拳

（七）弓步衝拳

（八）震腳按掌

（九）弓步衝拳

（十）併步推掌

第二段
（十一）上步右單拍腳

（十二）上步左單拍腳

（十三）弓步衝拳

（十四）轉身右勾拳

（十五）彈腿衝拳

（十六）弓步左右衝拳

（十七）轉身弓步衝拳

（十八）掄臂仆步拍掌

（十九）弓步上衝拳

（二十）虛步抱拳

收　勢

1. 併步抱拳

2. 還原

動作說明

起　勢

1. 預備勢

兩腳併步站立，兩臂垂於身體兩側，五指併攏貼靠於腿外側。目視前方（圖132）。

【要點】：挺胸、收腹、立腰，下頜微收。

【易犯錯誤】：含胸、頭不正。

【糾正方法】：面對及側對鏡子進行自我調整，或由同伴幫助糾正動作。

2. 併步抱拳

兩腳不動，兩手握拳屈肘上提，收抱於腰兩側。目視前方（圖133）。

【要點】：收拳要快，拳要貼緊腰兩側。

【易犯錯誤】：兩肩上聳，兩肘外展。

【糾正方法】：兩肩部肌肉放鬆使之肩下沉；兩大臂夾緊從而使兩肩尖向後方。

圖 132   圖 133

第一段

（一）弓步摟手衝拳

身體左轉，左腳向左前方邁出一步，屈膝半蹲成弓步。
同時左拳變掌，掌心向外，拇指朝下，經體前自右向左平摟
至腰左側抱拳；右拳自腰側向前平拳衝出，高與肩平。目視
右拳（圖 134）。

圖 134

【要點】：弓步後腿要充分蹬直，腳跟不得離地；衝拳時要擰腰，順肩，力達拳面。

【攻防含義】：假設對方用腳或手擊打我腰部，我左手把其摟開並順勢用右拳擊打對方的胸部或腹部。

【易犯錯誤】：先衝拳後形成弓步。

【糾正方法】：按照動作順序分解成轉身上步、下蹲成弓步同時衝拳，並多次的重複練習，待熟練後再連貫進行。

（二）弓步撩掌

1. 重心稍後移，右腿屈膝。同時左拳變掌向前擺至體左側；右拳變掌向上擺至體右後方，掌心向後。目視右掌（圖135）。

2. 重心左移，右腿挺直成左弓步。同時右掌自後經下向前撩至前下方，掌心朝斜上，掌指朝斜下；左掌順勢向下按附於右前臂上，掌心向下。目視右手（圖136）。

【要點】：右臂繞動要成立圓；撩掌要有勁力，發力時左手要下按配合。

圖135　　　　　　圖136

圖137

【攻防含義】：用右掌掌心撩擊對方的襠部或腹部。

【易犯錯誤】：撩掌與弓步不能完整一致。

【糾正方法】：蹬右腿和撩右掌同時完成，要在原地進行多次的重複練習。

(三)仆步切掌

重心後移，右腿屈膝全蹲，腳尖稍外展，左腿隨之伸直，腳尖內扣成仆步。同時左掌經右掌心向前下橫掌切出，掌外緣向前，掌指尖向右；右掌握拳收抱於腰側。目視左掌（圖137）。

【要點】：挺胸、塌腰、切掌要有勁力，力達掌外沿。

【攻防含義】：假設對方抓住我右手，我向後扯拉右手臂，並迅速用左掌外緣切擊對方的手腕、前臂等處。

【易犯錯誤】：切掌和仆步形成不能完整一致。

【糾正方法】：後移重心下蹲與切掌要同時進行，要在原地做多次的重複練習。

圖138

(四)弓步雙架掌

重心前移,身體微左轉,左腿屈膝半蹲,腳尖外展,右腿隨之蹬直,腳跟外碾,成左弓步。同時右拳變掌,兩掌向上架至頭前上方成十字手,右掌在前,左掌在後。目視前方(圖138)。

【要點】:兩掌上架要迅速,兩手腕部交叉,力點達於兩掌外緣。

【攻防含義】:假設對方用拳或掌劈擊我頭部,我用雙掌外緣上架。

【易犯錯誤】:前移重心成弓步與上架不完整一致。

【糾正方法】:在原地多做上下肢配合的練習,或由同伴配合用拳劈擊自己做上架防守。

圖139　　　　　　　　　　圖140

(五) 震腳弓步雙推掌

1. 重心前移，右腿屈膝提起在左腳內側用力向下跺踏，左腿順勢屈腿提起。同時兩掌回收至腰兩側，掌心向斜上，虎口朝外。目視前方（圖139）。

2. 左腳向前落步，並屈膝半蹲，右腿順勢蹬直，成左弓步。同時兩前臂內旋，立掌向前推出，臂與肩平。目視兩掌（圖140）。

【要點】：推掌要有寸勁，力達掌外緣；兩掌之間相隔一掌寬。

【攻防含義】：用雙掌推擊對方的胸部或腹部。

【易犯錯誤】：推掌與弓步不能同時完成。

【糾正方法】：在原地先做前落步，重心下沉成弓步同時推掌，做這樣的多次重複練習。

圖 141　　　　　　　圖 142

（六）轉身歇步衝拳

1. 身體右轉 180°，右腳外展，右腿屈膝半蹲，左腳隨之內扣，膝關節稍屈，腳跟提起。同時右手繞立圓至腰右側抱拳；左手隨即也立圓向上繞至胸前按掌，肘稍屈，橫掌，掌外緣朝前，掌指尖朝右。目視左掌（圖 141）。

2. 重心後移，左腿支撐，右腳向左腳後方插步，兩腿屈膝全蹲成左歇步。同時左拳變掌收抱於腰左側；右拳自腰側向前平拳衝出，高與肩平。目視右拳（圖 142）。

【要點】：歇步左膝貼緊左腿小腿外側；臀部坐在右腿小腿靠近踝關節處。

【攻防含義】：假設對方用拳擊打我後腦或後背，我迅速轉身用左掌下按擊來之拳，右拳隨之擊打對方胸部或腹部。

【易犯錯誤】：轉身蓋掌不能協調一致，掄蓋掌不能成立圓。

圖143　　　　　　圖144

【糾正方法】：在原地重複練習，或由同伴擊打自己身後，然後自己回身下按來拳。

(七) 弓步衝拳

1. 左腳向後撤步，同時身體左轉，屈膝半蹲，右腿順勢蹬直成左弓步。右拳變掌，臂外旋，掌心向上自右向左平抹至胸前。目視右掌（圖143）。

2. 重心向右後移，右腳尖外展，右腿屈膝，左腿順勢蹬直，成右弓步。同時右掌收於腰右側抱拳；左拳自腰側經右臂內側向前衝出，高與肩平。目視左拳（圖144）。

【要點】：衝拳要擰腰、順肩，要有寸勁，力達拳面。

【攻防含義】：左轉身用右掌掃抹對方頭頸，對方低頭躲過後又迅速用左拳擊打對方胸部或頭部。

【易犯錯誤】：衝拳與擰腰不完整一致。

【糾正方法】：蹬腿轉髖順勢衝拳，要在原地按動作要領要求重複練習。

圖 145　　　　　　　　　　圖 146

（八）震腳按掌

1. 重心左移，左腿屈膝支撐，右腳順勢後撤半步，腳尖點地成右虛步。同時兩手變掌，左手內插；右掌畫弧下掛，掌指尖朝下，虎口朝左。目視右掌（圖 145）。

2. 左腿支撐，右腿屈膝提起。同時右手向左經頭上繞至頭右前上方；左手向下擺至左後方。目視右手（圖146）。

3. 右腳向下用力跺踏，左腿順勢屈膝提起，同時身體右轉，右手握拳收抱於腰側；左手向上經頭上向前下按掌至胸前部位，掌心向下，掌指尖朝右。目視左掌（圖147）。

【要點】：兩臂依次立圓繞動；震腳要乾脆有力。

【攻防含義】：假設對方向我頭部衝左拳，我用右手攟開；對方復衝右拳，我用左掌向下蓋壓。

【易犯錯誤】：上下肢配合不協調。

圖147　　　　　　　　　圖148

【糾正方法】：把動作分解成三部分：掛右臂收右腿、抬右腿擄右手、震右腳蓋左掌，進行分解重複練習；或由同伴配合進行攻防練習。

(九) 弓步衝拳

左腳向前落步，屈膝半蹲，右腳順勢蹬直，成左弓步。同時左掌握拳收於腰左側；右拳自腰側向前衝出，拳心朝下。目視右拳（圖148）。

【要點】：衝拳要擰腰、順肩，要有寸勁。力達拳面。

【攻防含義】：接上動，趁左掌把來拳蓋下之機，順勢用右拳擊打對方胸部等部位。

【易犯錯誤】：弓步與衝拳不能同時完成。

【糾正方法】：把動作分解成兩步進行：左腳落步、重心下壓成弓步同時衝拳。此種方法重複進行練習。

圖 149

（十）併步推掌

重心後移，右腳尖外展，左腿立起，左腳順勢收於右腳內側成併步。同時右拳收抱於腰右側；左拳變掌自腰側向前立掌推出。目視左掌（圖 149）。

【要點】：推掌要有寸勁，力達掌外緣。

【攻防含義】：用左掌外緣擊打對方胸部。

【易犯錯誤】：推掌與併步不能完整一致。

【糾正方法】：在原地把動作放慢進行重複練習，待熟練後再用正常節奏練習。

圖 150

圖 151

第二段

(十一)上步右單拍腳

1. 左腳向左前方上步，重心前移，左腿支撐，右腳順勢腳跟提起。同時左手收至腰左側抱拳；右拳變掌自腰側向頭前上方伸出。目視前方（圖150）。

2. 右腿挺膝、繃腳面向前上方迅速擺踢，當擺至面前時，右掌向下用掌心迎擊右腳腳面。目視右手（圖151）。

【要點】：上體立直、支撐腳立直、擺動腿挺直；擊拍要準確、響亮。

【攻防含義】：用腳踢擊對方頭部。

【易犯錯誤】：支撐腿彎曲、提踵。

【糾正方法】：側對鏡子反覆體會動作要點，或由同伴幫助糾正。

圖 152　　　　　　　　　　　　圖 153

（十二）上步左單拍腳

1. 右腳向前落步，重心前移，右腿支撐，左腳腳跟順勢提起。同時右手握拳收抱於腰右側；左手變掌自腰側向前上方伸出，掌心朝前。目視前方（圖152）。

2. 左腿挺膝、繃腳面，向前上方迅速擺踢，當擺至面前時，左掌向下用掌心迎擊右腳腳面。目視左手（圖153）。

【要點】：用右單拍腳。

【攻防含義】：同右單拍腳。

【易犯錯誤】：同右單拍腳。

【糾正方法】：同右單拍腳。

圖 154　　　　　　　　　　圖 155

（十三）弓步衝拳

1.左腳向前落步，左腳前腳掌著地。目視前方（圖154）。

2. 重心前移，左腳落實支持，右腳向前上步，膝稍屈。同時左手向後、經下、向前撩掌至體前，掌心朝上。目視左掌（圖155）。

3. 重心下降成右弓步。同時左手抱拳收至腰左側；右拳自腰側向前平拳衝出，高與肩平。目視右拳（圖156）。

【要點】：左手畫立圓幅度要小；撐腰、順肩、衝拳要協調一致。

【攻防含義】：假設對方向我左胸衝拳，我用左掌把來拳撩開後，順勢衝右拳擊打對方腹部。

【易犯錯誤】：衝拳與弓步不協調一致。

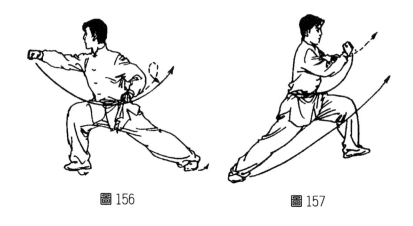

圖 156　　　　　　　　圖 157

【糾正方法】：在原地下蹲成弓步同時衝拳，要多次的重複練習。

(十四) 轉身右勾拳

身體向左轉約 180°，左腳尖外展屈膝，右腿順勢蹬直，成左弓步。同時右拳隨體轉向下經體右側，向前上勾擊，拳心朝裡，拳面朝上；左拳變掌自腰側向左、向上畫一小弧後，向下附於右前臂上，掌心朝下，掌指尖朝右。目視右拳（圖 157）。

【要點】：轉身要平穩，勾拳要有寸勁，力點達於拳面。

【攻防含義】：假設對方從我身後撲來，我迅速轉身用右拳勾擊對方腹部。

【易犯錯誤】：轉身與上勾拳不完整一致，重心起伏。

【糾正方法】：在原地多做左右蹬轉及配合勾拳的蹬轉。可以側對鏡子自我調整或在同伴的糾正下進行。

圖 158

(十五)單腿衝拳

重心前移，左腿立起，右腿隨之屈膝上提後，甩小腿向前彈踢。同時右拳收抱至腰右側；左掌變拳向前平拳衝出。目視前方（圖 158）。

【要點】：彈腿力點達於腳尖，衝拳與收拳要同時完成。

【攻防含義】：在左拳擊打對方胸部的同時，右腳彈踢其襠部或腹部。

【易犯錯誤】：彈踢腿做成上擺腿。

【糾正方法】：彈腿是一個屈伸性的腿法，它是當大腿抬至接近水平時，小腿迅速向前甩彈。在練習時先體會動作的要領順序：抬大腿再甩小腿。在原地多次的重複練習，也可以側對鏡子進行糾正練習。

圖159 　　　　　　　　圖160

（十六）弓步左右衝拳

1. 右腳向後落步，左腿屈膝半蹲成左弓步。同時左拳收抱至腰左側；右拳自腰側向前平拳衝出，拳與肩平。目視右拳（圖159）。

2. 右拳收抱至腰右側；左拳自腰側向前平拳衝出。目視左拳（圖160）。

【要點】：衝拳要擰腰、順肩，要有寸勁，力點要達於拳面。

【攻防含義】：用左拳擊打對方腹部，被對方防開後又迅速衝右拳擊打對方。

【易犯錯誤】：衝拳不轉腰，衝拳與收拳不能同時完成。

【糾正方法】：在原地做反覆的轉腰、順肩練習及左右衝拳互換練習。

圖 161

(十七)轉身弓步衝拳

身體右轉 180°，右腿順勢屈膝半蹲，左腿伸直成右弓步。同時左拳收抱至腰左側，拳心向上；右拳自腰側向前平拳衝出，高與肩平。目視右拳（圖 161）。

【要點】：轉身要迅速，衝拳要擰腰、順肩，要用寸勁，力達拳面。

【攻防含義】：假設對方從我身後襲擊，我迅速轉身用右拳擊打對方腹部。

【易犯錯誤】：同前面的弓步衝拳。

【糾正方法】：同前面的弓步衝拳。

圖 162　　　　　　　　圖 163

（十八）掄臂仆步拍掌

1. 身體左轉成左弓步。同時右拳變掌，隨體轉向下經體右側向前上擺至平舉部位；左拳變掌也隨體轉擺至左後方。目視右掌（圖162）。

2. 上動不停，身體右轉，重心右移成右弓步。同時右手向上隨體轉繞至右上方；左手也隨之繞至左下方。目視右手（圖163）。

3. 上動不停，身體繼續右轉。同時右手繼續向下繞至後下方；左手向上繞至前上方。目視前方（圖164）。

4. 上動不停，身體左轉，左移重心，左腿全蹲，右腿順勢伸直，扣腳尖成右仆步。同時右手向上、經頭上向前、向下至右踝內側拍地；左手向下、經體左側繞至左後上方。目視右手（圖165）。

【要點】：兩臂要立掄成圓，在過程中兩臂要保持一條

圖164

圖165

線。

　　【易犯錯誤】：掄臂時不轉腰、順肩。

　　【糾正方法】：在原地多體會左右弓步蹬腿、轉腰順肩；先慢做完整動作，然後再逐漸加速進行。

（十九）弓步上衝拳

　　重心向右前移，屈右膝、蹬左腿成右弓步。同時左掌向右，經頭上向前下按掌後，收至右胸前成立掌，掌心朝右；右掌變拳先屈肘稍回收後向上衝出，拳心向左。目視左前方（圖166）。

圖166

圖 167

圖 168

【要點】：弓步與衝拳要協調一致，衝拳與擺頭要協調一致。

【易犯錯誤】：衝拳、擺頭、弓步不完整一致。

【糾正方法】：在原地做多次的重複練習，最好對照鏡子做調整練習。

(二十) 虛步抱拳

1. 重心右移，右腿屈膝支撐，左腿隨之屈膝提起，左腳面貼於右膝後側。同時右拳變掌，兩掌同時向下、向外擺成側舉。目視左前方（圖167）。

2. 右腿屈膝半蹲，左腿稍前伸，稍屈膝，腳尖虛點地面成大虛步。同時右掌變拳屈肘向前平掄於胸前；左掌向後擺至右拳面處，成立掌，掌心貼緊右拳面，屈肘，肘下垂。目視前方（圖168）。

【要點】：兩臂屈肘回收要有勁力；左腳前伸要迅速。

【易犯錯誤】：擺兩臂、擺頭、出腳不一致。

圖 169

圖 170

【糾正方法】：按照動作要領做多次的重複練習，可以
先用站立姿勢進行練習，待配合熟練後再進行虛步掄拳練
習。

收　式

1. 併步抱拳

右腿伸直，左腳向前上一小步，右腳隨之向前跟步至左
腳內側成併步。同時左掌變拳，兩拳收抱至腰兩側。目視前
方（圖 169）。

【要點】：兩腳併步與兩拳收抱要同時完成。

【易犯錯誤】：與起式併步抱拳同。

【糾正方法】：與起式併步抱拳同。

2. 還　原

兩拳變掌，分別落於兩大腿外側。目視正前方（圖 170）。

【要點】：同預備姿勢。

【易犯錯誤】：同預備姿勢。

【糾正方法】：同預備姿勢。

長拳入門與精進

第四節 長拳段位技術

一、「入段」技術（五步拳）

動作名稱

預備勢

（一）併步抱拳

（二）弓步衝拳

（三）彈腿衝拳

（四）馬步架打

（五）歇步蓋打

（六）仆步穿掌

（七）虛步挑掌

（八）併步抱拳

動作說明

預備勢

身體直立，兩腳併攏，兩臂自然下垂，兩掌輕貼大腿外側；精神集中，眼向前平視（圖171）。

圖 171　　　　　　　圖 172

（一）併步抱拳

兩掌握拳，屈肘收抱於腰間，拳心向上；目視前方（圖172）。

【要點】：挺胸、立腰、收腹、頭正、下頜微收。

【易犯錯誤】：含胸、仰頭或左右歪斜。

【糾正方法】：面對或側對鏡子進行自我調整，或由同伴幫助糾正動作。

圖173

（二）弓步衝拳

左腳向左邁出一步，成左弓步。同時左手向左平摟並順勢收至腰間抱拳；右拳向前衝出，拳心朝下。目視前方（圖173）。

【要點】：蹬地轉腰與摟手衝拳要連貫協調，快速有力。

【易犯錯誤】：動作不連貫、完整。

【糾正方法】：在原地從半馬步抱拳開始，蹬、轉、衝，由慢到快反覆練習，先求連貫性，再求完整性。

圖174

(三)彈腿衝拳

重心前移，左腿挺膝立起；右腿屈膝提起，當大腿抬至接近水平時，迅速挺膝繃腳面，向前甩擺小腿，腿成水平。同時右拳收抱至腰右側；左拳自腰側向前立拳衝出，高與肩平，力達面拳。目視左拳（圖174）。

【要點】：擰腰、順肩、挺胸、立腰，上下配合協調一致。

【易犯錯誤】：衝拳與彈腿不一致；彈腿時大小腿上擺。

【糾正方法】：由慢漸快反覆在原地練習，直至配合一致；提大腿時小腿放鬆，向前甩彈時再挺膝繃腳面。

圖 175

(四)馬步架打

右腳向前落步，腳尖內扣，上體左轉 90°，兩腿屈膝半蹲成馬步。同時左拳變掌，屈肘上架於頭上方，掌緣朝上，掌指尖朝右；右拳自腰側向右立拳衝出，臂與肩平。目視右拳（圖 175）。

【要點】：右腳下落時，要先成半馬步胸向斜前方，然後再蹬腿、擰腰同時架衝。

【易犯錯誤】：落地馬上成馬步；衝拳不能用腰勁。

【糾正方法】：把動作分解成兩步；落地成半馬步，擰腰衝拳成馬步。此分解動作反覆進行，由慢至快，逐漸連貫。

圖 176　　　　　　　　　　圖 177

（五）歇步蓋打

1.左轉身約 90°，左腳向右腳後插步，腳前掌著地。同時左掌收至腰側抱拳，拳心向上；右拳變掌向上繞頭上方，向前下方蓋至胸前，環臂，掌心向下，指尖向左。目視右掌（圖 176）。

2.兩腿屈膝全蹲成右歇步。同時右掌變拳收至腰右側；左拳自腰側向前平拳衝出。目視左拳（圖 177）。

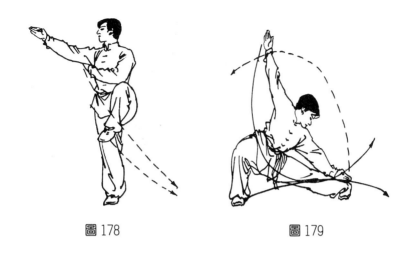

圖178   圖179

（六）仆步穿掌

1. 右腿挺膝直立；左腿屈膝提起。同時左拳變掌屈肘回收下按；右拳變掌自腰側經左手背上向前上方穿出，左掌順勢回收至右腋下。目視右掌（圖178）。

2. 右腿屈膝全蹲，左腿隨之向左側落步，腳內扣，腿平仆於地面。同時左手經腹前，沿左腿內側穿至左腳面，掌指朝前。目視左掌（圖179）。

圖180

（七）虛步挑掌

重心前移，左腿屈膝蹲起，腳尖外展，右腳隨之蹬地向前上步，腳尖內側著地成右虛步。同時左手前、經上繞至左後方成勾手；右手向下、經體右側繞至右前方成立掌，左手稍高於肩，右手臂略低於肩。目視右手（圖180）。

（八）併步抱拳

右腳收至左腳內側，兩腿隨之挺膝立起。同時右掌收於腰右側抱拳；左掌收於腰左側抱拳。目視前方（圖181）。

【要點】：歇步衝拳時，歇步形成與衝拳要同時完成；仆步穿掌時，兩臂要成一條直線。

【易犯錯誤】：歇步與衝拳不能同時完成；仆步穿掌兩臂不能成一條線。

【糾正方法】：做原地叉步預備，下蹲衝拳由慢到快反覆進行；仆步穿掌下穿時，右臂保持原來的角度不變。

【攻防含義】：左手把對方來拳攔開，順勢衝右拳擊打對方胸、腹部位。用左拳擊打對方胸部的同時，用右腳彈踢對方襠部。把對方劈來之拳架開，順勢用右拳擊打對方的胸、腹或肋部。回身用右掌蓋打對方擊來之拳後，順勢用左拳擊打對方的腹部或襠部。用左掌蓋住對方擊來之拳，順勢用右掌插穿對方的喉部或面部。仆步後順勢用左掌穿挑對方的襠部。

圖181

二、「一段」技術（初級長拳一路）

動作名稱

預備勢
第一段
(一) 起勢
(二) 馬步雙劈拳
(三) 拗弓步衝拳
(四) 蹬腿衝拳
(五) 馬步衝拳
(六) 馬步雙劈拳
(七) 拗弓步衝拳
(八) 蹬腿衝拳
(九) 馬步衝拳
第二段
(十) 弓步推掌
(十一) 拗弓步推掌
(十二) 弓步摟手砍掌
(十三) 弓步穿手推掌
(十四) 弓步推掌
(十五) 拗弓步推掌
(十六) 弓步摟手推掌
(十七) 弓步穿手推掌

第三段

(十八)虛步上架

(十九)馬步下壓

(二十)拗弓步衝拳

(二十一)馬步衝拳

(二十二)虛步上架

(二十三)馬步下壓

(二十四)拗弓步衝拳

(二十五)馬步衝拳

第四段

(二十六)弓步雙擺掌

(二十七)弓步撩掌

(二十八)推掌彈腿

(二十九)弓步上架推掌

(三十)弓步雙擺掌

(三十一)弓步撩掌

(三十二)推掌彈腿

(三十三)弓步上架推掌

(三十四)收　勢

動作說明

預備勢

身體直立，兩腳併攏，兩臂自然下垂，兩掌輕貼在大腿外側；精神集中，眼向前看（圖182）。

圖182

圖 183

第一段

（一）起　勢

　　兩手握拳，屈肘抱於兩腰側，拳心朝上；臉向左轉，眼向左側方平視（圖 183）。

　　【要點】：挺胸，直腰，兩肩後張，兩拳緊貼腰側，拳面與腹臍相齊。

　　【易犯錯誤】：兩肩上聳；兩肘外撐。

　　【糾正方法】：面對鏡子，做兩肩向下鬆沉；兩肘向後夾緊，進行反覆練習，或由同伴監督進行。

圖184

圖185

(二)馬步雙劈拳

左腳向左開步，兩拳同時從腰側伸向腹前錯臂交叉，左拳在裡，右拳在外，拳背均朝外；然後，兩腿屈膝半蹲成馬步，兩拳同時向外掄臂側劈（平擧），拳眼朝上；眼看左拳（圖184、185）。

【要點】：開步、掄劈和半蹲的動作，必須同時進行；形成馬步之後，兩大腿要坐平，腳尖裡扣，兩膝裡合。要挺胸、塌腰、兩肩鬆沉，兩拳與肩平行。

【易犯錯誤】：馬步與劈拳不能同時完成。

【糾正方法】：原地下蹲同時下劈拳，由慢漸快多次反覆練習。

圖 186

（三）拗弓步衝拳

先將右拳屈肘收抱於右腰側，拳心朝上；左腳跟和腳掌同時碾地使上身左轉，左腿屈膝，右腿伸直，成左勢弓箭步；左拳和左臂外旋使拳心朝上，接著屈肘收抱於左腰側；右拳同時成直拳前衝，拳眼朝上（圖186）。

【要點】：上述兩動必須連貫起來，不要分割；衝拳必須用力。衝出之後，右肩必須前順，左肩必須後牽，右拳略高過肩。左腳防止腳跟拔起，右腳防止腳外側掀起。

【易犯錯誤】：轉身、衝拳不能協調一致。

【糾正方法】：把蹬右腿、左轉身、衝右拳三個技術部分由慢漸快進行原地的反覆練習。

圖 187

(四) 蹬腿衝拳

左腳不動，右腳屈膝提起，向前平伸蹬出，腳尖翹起；右拳同時外旋使拳心朝上，接著屈肘收抱於右腰側；左拳隨之成直拳向前衝出，拳眼朝上，眼看左拳（圖 187）。

【要點】：收拳、衝拳、蹬腿三個動作必須同時進行，要協調一致；蹬伸之腿必須以腳跟著力向前平蹬，立地之腿必須穩固。

【易犯錯誤】：腿上擺、屈伸不明顯。

【糾正方法】：把提膝小腿放鬆下垂，向前甩蹬小腿，先進行分解練習，待理解動作後再進行連貫完整練習。

圖 188

(五)馬步衝拳

右腳向前落步，腳尖裡扣；左腳同時以腳掌碾地使腳跟裡轉，上身隨之左轉，兩腿屈膝半蹲成馬步；在形成馬步之同時，左拳和左臂外旋使拳心朝上，屈肘收抱於左腰側；右拳隨即向右側方成直立拳平伸側衝，拳眼朝上；眼看右拳（圖 188）。

【要點】：落步、轉身、屈膝半蹲的動作必須和收拳、衝拳的動作協調一致；馬步形成之後，兩肩稍向後張，左肘向後牽引，右拳略高過肩。要挺胸、塌腰。

【易犯錯誤】：落步和衝拳同時完成，顯得動作輕浮無力。

【糾正方法】：把動作分解成落地略下蹲（不轉腰）；衝拳的同時轉腰收左拳分別進行練習。待動作成熟後再連貫及重複練習。

圖189

圖190

【攻防含義】：用兩拳小指一側劈擊對方頭部或肩部；對方閃開後再用右拳擊其胸腹部；對方後撤，再用右腿蹬其腹部，順勢用左拳打其面部；對方再後撤，我順勢前落步用右拳擊其腹部或肋部。

(六) 馬步雙劈拳

(1)上動稍停，兩腳不動，兩腿直起；左拳從左腰側向腹前下伸，拳背朝外；在左拳下伸之同時，右拳和右臂內旋使拳眼朝下，從右側方向下、向腹前內收；收至腹前時，在左拳外面與左拳錯臂交叉，拳背也朝外；眼向右平視（圖189）。

(2)兩腿屈膝半蹲成馬步，兩拳同時向外掄臂側劈、平舉，拳眼朝上；眼看右拳（圖190）。

【要點】：與上述第（二）動的馬步雙臂拳相同。

圖 191　　　　　　　　　圖 192

（七）拗弓步衝拳

　　先將左拳屈肘收抱於左腰側，拳心朝上；右腳跟和左腳掌同時碾地使上身右轉，右腿屈膝，左腿伸直，成右弓箭步；右拳和右臂外旋使掌心朝上，接著屈肘收抱於右腰側；左拳同時成直立拳前衝，拳眼朝上（圖 191）。

　　【要點】：與上述第（三）動的拗弓步衝拳相同，唯動作相反。

（八）蹬腿衝拳

　　右腳不動，左腳屈膝提起，向前平伸蹬出，腳尖翹起；同時左拳和左臂外旋使拳心朝上，屈肘收抱於左腰側；右拳隨之成直拳向前衝出，拳眼朝上；眼看右拳（圖 192）。

　　【要點】：與上述第㈣動的蹬腿衝拳相同，唯動作相反。

圖193

(九)馬步衝拳

左腳向前落步，腳尖裡扣；右腳同時以腳掌碾地使腳跟裡轉，上身隨之右轉，兩腿屈膝半蹲成馬步；在形成馬步之同時，右掌和右臂外旋使掌心朝上，屈肘收抱於右腰側；左拳隨即向左側方成直拳平伸側衝，拳眼朝上；眼看左拳（圖193）。

【要點】：與上述第（五）動的馬步衝拳相同，唯動作相反。

圖194

第二段

(十)弓步推掌

上動稍停，上身左轉，右腳隨之向前上步，左腿伸直，右腿屈膝，成右弓箭步；在右腳上步之同時，左拳和左臂外旋使拳心朝上，屈肘收抱於左腰側；右拳隨之變為側立掌向前平伸推出，掌指朝上；眼看右掌（圖194）。

【要點】：轉身、上步、收拳、推掌的動作必須協調一致；推掌時，必須挺胸，塌腰，腕關節向拇指一側上屈，以小指一側著力向前推出；推出之後，腕關節盡量向上側屈，肘臂伸直，肩部鬆沉並向前順，掌指高與眉齊。

【易犯錯誤】：上步推掌用不上腰力。

【糾正方法】：上步時後腿略屈，胸向前方，然後在推掌的同時蹬後腿擰腰。此動作可以先分解練習然後再連貫練習。

圖 195

（十一）拗弓步推掌

兩腳不動，步型不變，上身右轉；右掌變拳屈肘收抱於右腰側，拳心朝上；左拳同時變為側立掌向前平伸推出，掌指朝上；眼看左掌（圖195）。

【要點】：左肩前順，右肩後牽，防止兩腳拔跟、掀腳。

圖 196   圖 197

(十二)弓步摟手砍掌

(1)上身從左向後轉，面向左前方，右腿挺膝伸直，左腿屈膝半蹲，成左弓箭步；左掌直腕成俯掌，於轉身之同時從左向後平擺橫摟；眼隨左掌（圖 196）。

(2)上動不停，左掌變拳，臂外旋使拳心朝上，屈肘收抱於左腰側；右拳同時變掌，臂外展，從後由外向身前成仰掌平擺橫砍；眼看右掌（圖 197）。

【要點】：轉身、摟手、收拳、砍掌的動作必須協調一致，同時不必過快；砍掌時，肘腕關節都須伸直；砍掌之後，掌心略高過肩，兩肩鬆沉。

【易犯錯誤】：弓步與砍掌不能協調一致。

【糾正方法】：把上、下肢先分開進行練習，待熟練後，再連貫由慢漸快進行練習。

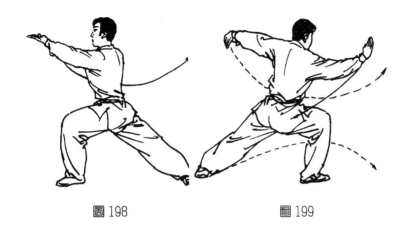

圖198　　　　　　　　　圖199

（十三）弓步穿手推掌

（1）左拳變掌，從左腰側由右掌上面向前平伸穿出，掌心朝上；於左掌前穿之同時，右掌和右臂內旋使掌心朝下成俯掌，順左臂下面屈肘收於胸前（圖198）。

（2）上動不停，左掌臂內旋，五指撮攏成勾手，勾尖朝下；此時上身右轉，面向右前方，左腿挺膝伸直，右腿屈膝半蹲，成右弓箭步；右掌同時成側立掌向前平伸推出，掌指朝上；眼看右掌（圖199）。

【要點】：穿掌與收掌，轉向、勾手與推掌的動作，必須同時進行；前後緊密相接，協調連貫，中間不要停頓。推掌之後，掌腕要盡量向上側屈，掌指高與眉齊；勾腕要盡量向下屈，勾頂略高過肩。

【易犯錯誤】：穿掌、勾手、推掌不協調一致。

【糾正方法】：先穿掌，勾手的同時轉身，然後順勢再推掌。可以先分解練習，待熟練後再連貫反覆的練習。

圖200

【攻防含義】：上步用右掌擊打對方胸腹部；復又用左手擊打對方胸腹部；回身擄住對方打來之拳，順勢用右掌小指一側砍擊對方頭部或頸部；左手穿擊對方喉部；回身用右掌擊打對方胸部或腹部。

(十四)弓步推掌

上動稍停，左勾手變為掌屈肘收抱於左腰側，掌指朝下；左腳向前上步，右腿挺膝伸直，左腿屈膝半蹲，成為左弓箭上步；右掌同時變拳，臂外旋使拳心朝上，屈肘收抱於右腰側；左掌隨之成側立掌向前平伸推出，掌指朝上；眼看左掌（圖200）。

【要點】：與上述第（十）動的弓步推掌相同。

圖201

（十五）拗弓步推掌

兩腳不動，步型不變，上身左轉；左掌變拳屈肘收抱於左腰側，拳心朝上；右拳同時變為側立掌向前平伸推出，掌指朝上；眼看右掌（圖201）。

【要點】：與上述第（十一）動的拗弓步推掌相同，唯動作相反。

圖202   圖203

(十六)弓步摟手推掌

(1)上身從右向後轉，左腿挺膝伸直，右腿屈膝半蹲，成右弓箭步；右掌直腕成俯掌，於轉身之同時從右向後平擺橫摟。跟隨右掌（圖202）。

(2)上動不停，右掌變拳，臂外旋使拳心朝上，屈肘收抱於右腰側；左拳同時變掌，臂外展，從後由外向身前成仰掌平擺橫砍；眼看左掌（圖203）。

【要點】：與上述第(十二)動的弓步摟手砍掌相同。

圖204   圖205

(十七)弓步穿手推掌

(1) 右拳變掌，從右腰側經左掌上面向前平伸穿出，掌心朝上；左掌於右掌前穿之同時，臂內旋使掌心朝下成俯掌，順右臂下面屈肘收於胸前（圖204）。

(2) 上動不停，右掌和臂內旋，五指撮攏成勾手，勾尖朝下；上身此時左轉，右腿挺膝伸直，左腿屈膝半蹲，成左弓箭步；左掌同時成側立掌向前平伸推出，掌指朝上；眼看左掌（圖205）。

【要點】：與上述第（十三）動的弓步穿手推掌相同。

圖 206

第三段

(十八)虛步上架

上動稍停，左腳尖裡扣，上身右轉，右腳撤回半步以腳前掌虛點地面，兩腿屈膝略蹲，身體重量落於左腿，成左實右虛之虛步，左掌變拳，於上身右轉成虛步之同時，向上屈肘橫舉在頭頂上方，拳心朝向身前，拳眼朝下；右勾手隨之變拳，臂內旋使拳眼朝下，向下屈肘附在右膝上面，拳心朝向身後，拳面朝下；眼向右前方平視（圖206）。

【要點】：上架之拳、肘略向身後展張；下栽之拳，肘略向前牽引；必須挺胸、塌腰，身體重量完全落於左腿，左腳實踏地面，右腳虛點地面，虛實必須分清。

【易犯錯誤】：轉身成虛步與上架、下栽拳不能協調一致。

【糾正方法】：對照鏡子或在同伴的監督協助下原地反

圖 207

圖 208

覆練習，還可以先上下肢分開練習，待熟練後再進行完整動作練習。

（十九）馬步下壓

（1）左腿伸直立起，右腿屈膝提起，右拳同時從下由裡向外掄臂繞環，至右前方時成仰拳平舉，左拳下降至背後（圖207）。

（2）上動不停，左腳蹬地躍起，上身同時從左向後轉；右腳在轉身後立即落於左腳原位，左腳隨之落於上身左側，兩腿屈膝半蹲成馬步；右拳於右腳落地之同時，屈肘收抱於右腰側，拳心朝上；左拳向後、向上掄臂，在左腳落地形成馬步之同時，臂外旋，屈肘以前臂為力點，從上向身前下壓，上臂垂直，前臂舉平，拳心朝上；眼看左拳（圖208）。

【要點】：縱步的時候，先使左膝略屈，然後以腳掌蹬地，伸腿躍起，縱起之後，上身即在空中做向後轉的動作；

圖 209

轉身後，必須使右腳先行落地，左腳隨後落地。右拳外掄必須與提步的動作同時進行；右拳屈肘抱腰必須與右腳落步的動作同時進行；左前臂下壓必須與左腳落步的動作同時進行。

【易犯錯誤】：馬步與壓肘不能完整一致。

【糾正方法】：先把動作分解成轉身上左步和下蹲成馬步同時左前臂下壓兩個部分進行練習。待動作順序清楚後再連貫起來，由慢至快重複進行練習。

(二十)拗弓步衝拳

左腳跟和右腳掌同時碾地使上身左轉，左腿屈膝，右腿伸直，成左弓箭步；左拳同時屈肘收抱於左腰側，拳心仍朝上；右拳隨即從右腰側成直拳向前平伸衝出，拳眼朝上；眼看右拳（圖 209）。

【要點】：與上述第 (三) 動的拗弓步衝拳相同。

圖 210

（二十一）馬步衝拳

左腳尖裡扣，右腳跟裡轉，上身右轉，兩腿屈膝半蹲成馬步；同時右拳和右臂外旋使拳心朝上，屈肘收抱於右腰側；左拳隨即向左側方成直拳平伸側衝，拳眼朝上；眼看左拳（圖 210）。

【要點】：與上述第（五）動馬步衝拳相同。

【攻防含義】：左前臂從上向下打開對方衝來之拳，右前臂隨之向下壓打對方頭、肩部或壓打對方又衝來之拳。左拳擊打對方胸、腹部，再用右拳擊打對方胸、腹或肋部。

圖 211

(二十二)虛步上架

上動稍停，右腳尖裡扣，上身左轉，左腳撤回半步以腳前掌虛點地面，兩腿屈膝略蹲，身體重量落於右腿，成右實左虛之虛步；同時右拳和右臂外展，向上屈肘橫舉於頭頂上方，拳心朝向身前，拳眼朝下；左拳隨之內旋使拳眼朝下，向下屈肘附在左膝上面，拳心朝向身後，拳面朝下；眼向左前方半視（圖 211）。

【要點】：與上述第（十八）動的虛步上架相同，唯動作相反。

圖 212　　　　　　　　　圖 213

(二十三)馬步下壓

(1) 右腿伸直立起，左腿屈膝提起，左拳同時從下由裡向外掄臂繞環，至左前方時成仰拳平舉，右拳下降至背後（圖212）。

(2) 上動不停，右腳蹬地縱起，上身同時從左向後轉；左腳在轉身後立即落於右腳的原位，右腳隨之落於上身右側，兩腿屈膝半蹲成馬步；左拳於左腳落地之同時，屈肘收抱於左腰側，拳心朝上；右拳向後、向上掄臂，在右腳落地形成馬步之同時，臂外旋，屈肘以前臂為力點，從上向身前下壓，上臂垂直，前臂舉平，拳心朝上，眼看右拳（圖213）。

【要點】：與上述第（十九）動的馬步下壓相同，唯動作相反。

圖214　　　　　　　　　圖215

(二十四)拗弓步衝拳

　　右腳跟和左腳掌同時碾地使上身右轉，右腿屈膝，左腿伸直，成右弓箭步；右拳同時屈肘收抱於右腰側，拳心仍朝上；左拳隨即從左腰側成直拳向前平伸衝出，拳眼朝上；眼看左拳（圖214）。

　　【要點】：與上述第（三）動的拗弓步衝拳相同。

(二十五)馬步衝拳

　　右腳尖裡扣，左腳跟裡轉，上身左轉，兩腿屈膝半蹲成馬步，同時左拳和左臂外旋使拳心朝上，屈肘收抱於左腰側；右拳隨即向右側方成直拳平伸側衝，拳眼朝上；眼看右拳（圖215）。

　　【要點】：與馬步衝拳相同。

圖216

第四段

（二十六）弓步雙擺掌

上動稍停，右腳尖裡扣，左腳尖外展，上身隨之左轉，右腿屈膝，成左弓箭步；左拳同時在身前下伸、內收，與右拳一起變掌，從右向上、向左弧形繞環，至左側方時，兩掌均成側立掌，左掌直臂平舉，右掌屈肘使掌心靠近左肘臂，掌指均朝上；眼看左掌（圖216）。

【要點】：轉身的動作必須和兩掌繞環的動作同時進行，使整個動作協調一致。兩掌繞環時，肩關節必須放鬆，不要僵硬；繞環動作結束時，兩腕盡量向上側屈，左掌指高與眉齊，右掌指高與鼻齊，兩肩鬆沉。

【易犯錯誤】：雙擺掌不能呈立圓。

【糾正方法】：左臂貼胸上擺，右臂直接向頭上擺，可以面對鏡子反覆進行練習。

圖 217　　　　　　　　　圖 218

(二十七)弓步撩掌

（1）左腳跟稍向外展，左腿全蹲，右腿伸直平鋪，成仆步；上身隨之右轉，向右腳處前探；於轉身之同時左掌和左臂內旋，反臂上舉成勾手，勾尖朝上；同時右掌成俯掌，從身前向右腳處橫摟；眼隨視右掌（圖217）。

（2）上動不停，右掌繼續向身後摟去，至身後反臂後舉成勾手，勾尖朝上；上身同時前移，左腿挺膝伸直，右腿屈膝半蹲，成右弓箭步；於上身前移之同時，左勾手變掌，臂外旋使掌心朝下，以掌心為力點，從後向下、向前撩起，成仰掌平舉；眼看左掌（圖218）。

【要點】：上述兩動，必須連貫起來，中間不要停頓。仆步的時候，臀部盡量接近全蹲之小腿，上身向鋪腿的一面探伸。仆步轉入弓箭步的時候，上身不要立起，要從低處向前探伸移動。撩掌的時候，腕要直，肩要鬆；撩至平舉部位

圖219

時，其高度不要過肩。反臂後舉之勾手，腕關節盡量上屈，臂向上舉；但須防止由於反臂上舉而影響上身的挺胸、塌腰。

【易犯錯誤】：不能由下至上成立圓撩掌。

【糾正方法】：把前面放一物體，練習撩擊，便於理解及明瞭動作路線及方法。

(二十八)推掌彈踢

右勾手變拳，屈肘收抱於右腰側，屈腕使掌指朝下，掌心朝前；左掌開始變拳；上動不停，左掌變拳之後，屈肘收抱於左腰側，拳心朝上；同時右掌成側立掌從腰側向前平伸推出，掌指朝上；右腳不動，左腳隨之向前平伸彈踢，腳面繃平；眼看右掌（圖219）。

【要點】：收拳、推掌、彈踢必須動作協調，時間一致，不要有先後快慢之分。彈踢時，必須先使彈踢之腿屈

圖220

膝，小腿後舉，腳後翻；然後，踝關節盡量下屈，腳面繃平，膝關節猛然挺伸使小腿向前彈出，形成推掌彈踢的姿勢後，上身稍向前傾，推掌之肩前順，收拳之肩後舉；立地之腿必須站立穩固。

【易犯錯誤】：推掌與彈腿不能協調一致。

【糾正方法】：原地由慢至快反覆進行練習。

(二十九)弓步上架推掌

左腳向前落步，左腿屈膝，右腿伸直，成左弓箭步；同時右掌和右臂內旋，屈肘橫架於頭頂上方，成橫掌；右拳隨即變掌，向前成側立掌平伸推出，掌指朝上；眼看左掌（圖220）。

【要點】：落步要輕，推掌要快，動作要協調一致。

【易犯錯誤】：推掌無力，落步推掌同時到位。

【糾正方法】：把動作分解成先落步上架；下蹲成弓步

圖 221   圖 222

的同時推掌。待動作清楚後再連貫進行反覆練習。

(三十)弓步雙擺掌

上動稍停，左腳尖裡扣，右腳尖外展，上身隨之從右向後轉，左腿伸直，右腿屈膝，成右弓箭步；兩掌同時向上、向右弧形繞環，至右側方時，兩掌均成側立掌，右掌直臂平舉，左掌屈肘使掌心靠近右肘臂，掌指均朝上；眼看右掌（圖221）。

【要點】：與上述第（二十六）動的弓步雙擺掌相同。

(三十一)弓步撩掌

(1) 右腳跟稍向外展，右腿全蹲，左腿伸直平鋪，成仆步；上身隨之左轉，向左腳處前探；於轉身之同時，右掌和右臂內旋，反臂上舉成勾手，勾尖朝上；左掌則同時成俯掌，從身前向左腳處橫摟；眼隨視左掌（圖222）。

圖223

圖224

（2）上動不停，左掌繼續向身後摟去，至身後反臂舉成勾手，勾尖朝上；上身同時前移，右腿挺膝伸直，左腿屈膝平蹲，成左弓箭步；右勾手於上身前移之同時變掌，臂外旋使掌心朝下，以掌心為力點，從後向下、向前撩起，成仰掌平舉，眼看左掌（圖223）。

【要點】：與上述第（二十七）動的弓步撩掌相同。

（三十二）推掌彈踢

右勾手變掌，屈肘收抱於右腰側，屈腕使掌指朝下，掌心朝前；右掌開始變拳；上動不停，右掌變拳之後，屈肘收抱於右腰側，拳心朝上；左掌同時成側立掌從腰側向前平伸推出，掌指朝上；左腳不動，右腳隨之向前平伸彈踢，腳面繃平；眼看左掌（圖224）。

【要點】：與上述第（二十八）動的推掌彈踢相同。

圖 225

(三十三)弓步上架推掌

右腳向前落步,右腿屈膝,左腿伸直,成右弓箭步;同時左掌和左臂內旋,屈肘橫架於頭頂上方,成橫掌;右拳隨即變掌,向前成側立掌平伸推出,掌指朝上;眼看右掌(圖225)。

【要點】:與上述第(二十九)動的弓步上架推掌相同。

圖 226

圖 227

(三十四) 收　勢

（1）右腳跟稍向外展，右腿伸直立起，上身同時向左轉正，左腳隨之向右腳處靠攏併步；兩掌於併步之同時變拳，屈肘收抱於兩腰側，拳心均朝上；臉向左轉，眼向左側方平視（圖 226）。

（2）臉轉向正前方，兩拳變掌，直臂下垂，成立正姿勢（圖 227）。

【要點】：兩拳抱腰時，其要點與上述的預備勢相同。立正收勢時，頭須端正，收下頦，挺胸，直腰，鬆肩，呼吸平穩，精神振作。

三、「二段」技術（初級長拳二路）

動作名稱

預備勢
第一段
(一) 起勢
(二) 拗弓步摟手衝拳
(三) 衝拳彈踢
(四) 馬步上架衝拳
(五) 虛步挎肘
(六) 拗弓步摟手衝拳
(七) 衝拳彈踢
(八) 馬步上架衝拳
(九) 虛步挎肘
第二段
(十) 歇步亮掌
(十一) 轉身弓步頂肘
(十二) 提膝雙扣拳
(十三) 弓步雙推掌
(十四) 歇步亮掌
(十五) 轉身弓步頂肘
(十六) 提膝雙扣拳
(十七) 弓步雙推掌

第三段

(十八) 虛步推掌

(十九) 歇步掄壓

(二十) 提膝上穿掌

(二十一) 弓步撐掌

(二十二) 虛步推掌

(二十三) 歇步掄壓

(二十四) 提膝上穿掌

(二十五) 弓步撐掌

第四段

(二十六) 虛步穿掌

(二十七) 進步踢腿

(二十八) 歇步飛腳

(二十九) 弓步推掌

(三十) 虛步穿掌

(三十一) 進步踢腿

(三十二) 縱步飛腳

(三十三) 弓步推掌

(三十四) 收　勢

動作說明

預備勢

身體直立，兩腳併攏，兩臂自然下垂，兩掌輕貼於大腿外側；精神集中，眼向前看（圖 228）。

圖 228   圖 229

第一段

(一)起　勢

　　兩手握拳，屈肘抱於兩腰側，拳心向上；臉向左轉，眼向左側方平視（圖229）。

　　【要點】：挺胸、直腰，兩肩後張，兩拳緊貼腰側，拳面與腹平。

　　【易犯錯誤】：聳肩、歪頭。

　　【糾正方法】：對照鏡子或在同伴監督下進行反覆練習。

圖230

(二)拗弓步摟手衝拳

(1) 先使左拳變掌，臂內旋成俯掌向身前平伸。

(2) 上身左轉，左腳進步，右腳跟外展，左腿屈膝半蹲，右腿挺膝伸直，成左弓箭步；左掌隨上身左轉向左平摟，於弓箭步形成時變拳，臂外旋使拳心朝上，屈肘收抱於左腰側；在左拳收回之同時，右拳從腰側向前成直拳平伸前衝，拳眼朝上；眼看右拳（圖230）。

【要點】：衝拳要快而有力，右肩必須前順，左肩必須後牽；右拳略高過肩，左拳緊貼腰側；防止腳跟和腳外側掀起；必須挺胸、直背和塌腰。

【易犯錯誤】：轉身與摟手不能協調一致。

【糾正方法】：把此動作單獨進行重複練習，或由同伴做假設性進攻進行練習。

圖 231

（三）衝拳彈踢

右拳和臂外旋使拳心朝上，屈肘收抱於右腰側；左拳同時成直拳從腰側向前平伸衝出，拳眼朝上；左腳不動，右腳隨之向前平伸彈踢，腳面繃平；眼看左掌（圖 231）。

【要點】：收拳、衝拳、彈踢的動作，必須協調一致，同時進行，不要有先後快慢之分。彈踢必須有力，立地支撐之腿要站立穩固，仍須挺胸、直背、兩肩鬆沉。

【易犯錯誤】：彈腿屈伸不明顯，上擺。

【糾正方法】：把彈腿分解成提膝上抬大腿和向前甩彈小腿，分兩步進行練習。待動作順序清楚後，再加快速度進行連貫練習。

圖232

(四)馬步上架衝拳

右腳向前落步，腳尖裡扣；左腳同時以腳掌碾地使腳跟裡轉，上身隨之左轉，兩腿屈膝半蹲成馬步；在形成馬步之同時，左拳和左臂內旋使拳眼朝下，屈肘橫架於頭頂上方；右拳隨即成直拳從腰側向右側方平伸側衝，拳眼朝上；眼看右拳（圖232）。

【要點】：落步、轉身、半蹲的動作，必須和上架、側衝的動作協調一致。馬步形成後，兩腳尖必須裡扣使之正對前方，大腿坐平；兩肩稍向後張，左肘屈圓，右拳略高過肩；挺胸、塌腰。

【易犯錯誤】：落步與衝拳同時完成。

【糾正方法】：把動作分解成先落步；擰轉下蹲成馬步的同時衝拳。

圖233

（五）虛步挎肘

兩腿略立起，上身稍左轉，左腳不動，右腳從右側方移
於左腳前方，以腳前掌虛點地面，上身重量落於左腿，成為
左實右虛步；同時左臂屈肘左拳收抱於左腰側，拳心朝上；
右拳和右臂隨即外旋使拳心朝上，前臂上屈成挎肘，以尺骨
一面為力點，從右側向身前裡磕，拳眼朝右，拳面朝上；眼
看右拳（圖233）。

【要點】：移步、收拳的動作，必須和挎肘裡磕的動作
同時進行，協調一致。移步之腳，離地不要過高；裡磕之挎
肘，上臂和前臂要屈成直角，或稍大於直角，不要屈成銳
角。

【易犯錯誤】：虛步與挎肘不能協調一致。

【糾正方法】：收腿同時做屈肘前臂內格，做原地的反
覆練習。

圖234

【攻防含義】：此組的攻防含義為，對向我左側擊打，我迅速左轉用左手擤開對方之拳（掌），順勢用右拳擊打對方胸部或腹部。對方避開我順勢重心前移起身，用右腿彈踢對方襠部。左拳擊打對方胸（腹）部。對方再避開，我再前移重心落步，順勢用右拳擊打對方胸（腹或肋）部。對方閃避後用左拳擊打我胸（面）部，我重心後移收右腿，同時用右前臂格打開對方來拳。

(六)拗弓步摟手衝拳

上動稍停，先使右拳變成俯掌平伸身前；右腳從左腳前方仍向右側方移回原地，上身右轉，左腳跟外展，左腿挺膝伸直，右腿屈膝半蹲，成右弓箭步；右掌隨上身右轉向右平摟，於弓箭步形成時變拳，臂外旋使拳心朝上，屈肘收抱於右腰側；左拳於右拳收回之同時，從腰側向前成直拳平伸前衝，拳眼朝上；眼看左拳（圖234）。

圖 235

【要點】：與上述第（二）動的拗弓步摟手衝拳相同，
唯動作相反。

（七）衝拳彈踢

左拳臂外旋使拳心朝上，屈肘收抱於左腰側；右拳同時
成直拳從腰側向前平伸衝出，拳眼朝上；右腳不動，左腳隨
之向前平伸彈踢，腳面繃平；眼看右拳（圖 235）。

【要點】：與上述第㈢動的衝拳彈踢相同。

圖236

(八)馬步上架衝拳

左腳向前落步，腳尖裡扣；右腳同時以腳掌碾地使腳跟裡轉，上身隨之右轉，兩腿屈膝半蹲成馬步；在形成馬步之同時右拳和右臂內旋使拳眼朝下，屈肘橫架於頭頂上方；左拳隨即成直拳從腰側向左側方平伸側衝，拳眼朝上；眼看左拳（圖236）。

【要點】：與上述第（四）動的馬步上架衝拳相同，唯動作相反。

圖237

(九)虛步挎肘

　　兩腿略立直，上身稍右轉，右腳不動，左腳從左側方移於右腳前方，以腳前掌虛點地面，上身重量落於右腿，成為右實左虛之虛步；右拳同時屈肘收抱於右腰側，拳心朝上；左拳和左臂隨即外旋使拳心朝上，前臂上屈成挎肘，以尺骨一面為力點，從左側向身前裡磕，拳眼朝左，拳面朝上；眼看左拳（圖237）。

　　【要點】：與上述第（五）動的虛步挎肘相同。

圖 238　　　　　　　　圖 239

第二段

（十）歇步亮掌

（1）上動稍停，兩腿伸直立起，左腳從身前向左側方移步，左拳變掌，在身前平伸，掌心朝上（圖238）。

（2）上動不停，左掌向右側方平行擺動，至右側方時，臂內旋使掌心朝下，繼續向下、向左、向身後擺動，至身後時，反臂後舉成勾手，勾尖朝上；右腳同時從左腿後面向左倒插，兩腿屈膝全蹲，成歇步；右拳在右腳向左倒插的時候變掌，反臂俯掌後舉，於形成歇步的時候，從身後向右、向額前上方屈肘、抖腕，成橫掌上架；眼看左側前方（圖239）。

【要點】：歇步下蹲與亮掌動作須協調一致，兩肩力求放鬆。歇步，兩腿必須併緊，左大腿蓋壓在右大腿的上面。

【易犯錯誤】：歇步與亮掌不能協調一致。

圖240　　　　　　　圖241

【糾正方法】：把動作分解為後插步擺掌；下蹲成歇步亮掌。然後逐漸加快速度進行練習。

(十一)轉身弓步頂肘

(1) 兩腿伸直立起，右腳掌和左腳跟碾地為軸，使上身從右向後轉；轉至後方時，上身右轉，右腳向前進半步，左腳尖裡扣，右腿屈膝，左腿伸直，成右弓箭步；左勾手不變，右掌於向後轉身之同時，從上向身前平伸成俯掌，隨身轉動平擺；眼隨視右掌（圖240）。

(2) 上動不停，右掌和右臂外旋使掌心朝上，從前向下、向後、向上弧形繞環，屈肘、屈腕成橫掌架於頭頂上方；左勾手同時變拳，臂外旋使拳心朝下成俯拳，從後向左、向前弧形平擺，至身前時屈肘，成平肘前頂；眼向前方平視（圖241）。

圖242

圖243

【要點】：轉身要穩，不必過快；轉身之後成弓步頂肘時，左肩前順，右肩後牽；左前臂和上臂必須平行，肘尖正對前方，挺胸、塌腰，略向後撐腰。

【易犯錯誤】：盤肘時含胸拔背。

【糾正方法】：面對或側對鏡反覆進行矯正練習。

(十二)提膝雙扣拳

(1)右腳掌碾地使上身稍向右轉，左腳同時離地屈膝在身前提起，腳面繃平，腳尖朝下；左拳不變，右掌隨之變拳，從上落於胸前，成平肘俯拳，與左拳平行相對；拳心均朝下；眼看左側方（圖242）。

(2)兩拳從胸前向上分向左前右後甩臂、抖腕扣擊，成仰拳平舉；眼看左拳（圖243）。

【要點】：扣拳時，要以拳背為力點，從上向下猛然伸肘、甩臂；扣拳平舉之後，肘微屈；提膝獨立要穩固。

圖 244　　　　　　　圖 245

【易犯錯誤】：扣拳不呈立圓。

【糾正方向】：兩拳經過面前直接向上，先慢進行練習，待路線清楚後再快速連貫進行。

(十三) 弓步雙推掌

(1) 左拳變掌，臂內旋使掌心朝下，成俯掌平舉；右拳同時上舉，變掌向前下蓋，成俯掌與左掌併列平行；上身隨之稍向左轉，面向左前方；上動未停，左腳在右腳內側跺地震腳，膝略屈；右腳隨之屈膝提起，微離地面；於震腳的同時，屈腕兩掌在身前下按，掌心朝下，掌指朝前；眼向前平視（圖 244）。

(2) 上動不停，右腳向前進步，左腿挺膝伸直，右腿屈膝半蹲，成右弓箭步；兩臂同時向身前屈肘，然後兩掌再向前平伸推出，成側立掌，掌指朝上；眼看兩掌（圖 245）。

【要點】：震腳和按掌的動作，進步和推掌的動作，均

圖246

須同時進行，協調一致。推掌之後，兩肩鬆沉，兩臂伸直，兩腕盡量向上側屈，掌指高與眉齊；弓步同前。

【易犯錯誤】：震腳與下按不能完整一致。

【糾正方法】：提腿雙手上擺；震腳兩手下按在原地反覆進行練習，直到做到整齊一致為止。

【攻防含義】：用左手穿對方喉部，並順勢摟撥開對方的來拳。隨轉身順勢用左臂平擺，勾鎖對方的脖子。用拳的手背一側扣擊對方的頭、面部。震腳的同時兩掌下按，把對方擊來的拳或腿按開，然後順勢上步雙掌推擊對方的胸部。

(十四) 歇步亮掌

(1) 上動稍停，右腿伸直立起，右腳尖裡扣，上身隨之左轉，開步站立；左掌變拳，於轉身之同時屈肘收抱於左腰側，拳心朝上；右掌和右臂外旋使掌心朝上，直腕成仰掌，隨身體左轉平擺；眼隨視右掌（圖246）。

圖 247

　　⑵上動不停，右掌繼續向左側方平行擺動，至左側方時，臂內旋使掌心朝下，繼續向下、向右、向身後擺動，至身後時，反臂後舉成勾手，勾尖朝上；左腳同時從右腿後面向右腳後倒插，兩腿屈膝全蹲，成歇步；左拳於左腳向右腳後倒插的時候變掌，反臂俯掌後舉；於形成歇步的時候，左臂從身後向左、向額前上方屈肘抖腕，成橫掌上架；眼看右側前方（圖247）。

　　【要點】：與上述第（十）動的歇步亮掌相同，唯動作相反。

圖248　　　　　　　圖249

（十五）轉身弓步頂肘

（1）兩腿伸直立起，左腳掌和右腳跟碾地為軸，使上身從左向後轉；轉至後方時，上身左轉，左腳向前進半步，右腳尖裡扣，左腿屈膝，右腿伸直，成左弓箭步；右勾手不變，左掌於向後轉身之同時，從上向身前平伸成俯掌，隨身轉動平擺；眼隨左掌（圖248）。

（2）上動不停，左掌和左臂外旋使掌心朝上，從前向下、向後、向上弧形繞環，屈肘、屈腕成橫掌架於頭頂上方；右勾手同時變拳，臂外旋使拳心朝下成俯拳，從後向右、向前弧形平擺，至身前時屈肘，成平肘前頂；眼向前方平視（圖249）。

【要點】：與轉身弓步頂肘相同，唯動作相反。

圖250　　　　　　　　　　　圖251

（十六）提膝雙扣拳

(1) 左腳掌碾地使上身稍向左轉，右腳同時離地屈膝在身前提起，腳面繃平，腳尖朝下；右拳不變，左掌隨之變拳，從上落於胸前，成平肘俯拳，與右拳平行相對，拳心均朝下；眼看右側方（圖250）。

(2) 兩拳從胸前由上分向右前左後甩臂、抖腕扣擊，成仰拳平舉；眼看右拳（圖251）。

【要點】：與上述第（十二）動的提膝雙扣拳相同。

圖252　　　　　　　　　圖253

（十七）弓步雙推掌

（1）右拳變掌，臂內旋使掌心朝下，成俯掌平拳；左拳同時上舉，變掌向前下蓋，成俯掌與右掌並列平行；上身隨之稍向右轉，而向右前方。

（2）上動不停，右腳在左腳內側跺地震腳，膝略屈；左腳隨之屈膝提起，微離地面；兩掌於震腳之同時，屈腕在身前下按，掌心朝下，掌指朝前；眼向前平視（圖252）。

（3）上動不停，左腳向前進步，右腿挺膝伸直，左腿屈膝半蹲，成左弓箭步；兩臂同時從身前屈肘，兩掌向前平伸推出，成側立掌，掌指朝上；眼看兩掌（圖253）。

【要點】：與上述第（十三）動的弓步雙推掌相同。

圖254

第三段

（十八）虛步推掌

　　左腳尖裡扣，上身右轉，右腳從右側方移於左腳前方，以腳前掌虛點地面，身體重量落於左腿，兩腿均屈膝略蹲，成左實右虛之虛步；右掌於上身右轉之同時，從左肩外側向下、向右、向身後繞環擺動，至身後成勾手平舉，勾尖朝下；左掌則隨之先屈肘，後從左腰側向額前上方成側立掌推出；臉向右轉，眼向右前方平視（圖254）。

　　【要點】：轉身、移步、勾手、推掌的動作，必須協調一致，形成虛步推掌之後，右勾手之勾頂要與肩平。兩肩鬆沉，不要聳起；要挺胸、直背、塌腰；兩腿虛實必須分明。

　　【易犯錯誤】：轉身、移步、勾手、推掌等動作不能完整一致。

圖 255　　　　　　　圖 256

【糾正方法】：把此動作拿出來進行單獨的反覆練習，採用由慢至快地練習方法。

(十九)歇步掄壓

(1)右腳從左腳前方向右側方移回，左腳跟同時裡轉使上身左轉，右腿伸直，左腿屈膝，成左弓箭步；左掌變拳於轉身之同時，屈肘收抱於左腰側，拳心朝上：右勾手隨之變拳，臂內旋，反臂使拳背朝下，從身後向下、向前直臂掄起；眼隨視右拳（圖255）。

(2)上動未停，左腳跟外展，上身隨之右轉，右腳同時移回半步，成左實右虛之虛步；右拳繼續從左前方向上，向右前方繞環掄動；左拳也同時直臂下伸，從下向左、向上掄起；眼隨視右拳（圖256）。

圖 257

（3）上動未停，兩腳掌碾地使上身從右向後轉，變成右腿在前左腿在後的交叉步，隨即兩腿屈膝全蹲成歇步；右拳於上身後轉之同時，向下、向右側繞環掄起；左拳則隨之以拳背為力點，向身體左側下方掄壓；兩掌心均朝上；眼看左掌（圖257）。

【要點】：此動是兩臂交叉向前掄臂、回環和轉身、歇步的結合，因之必須使向前掄和轉身變歇步的動作協調一致。另外，兩臂回環時，肩關節必須放鬆，兩臂伸直。形成歇步之後，上身略向左側傾俯，右拳在右側上方斜舉，左拳在左側下方斜舉。

【易犯錯誤】：歇步與掄壓拳不能完整一致。

【糾正方法】：舉臂起身；下壓拳成歇步，兩分解動作由慢漸快，反覆進行練習。

圖 258

（二十）提膝上穿掌

　　兩腿伸直立起，右腳不動；左腳離地屈膝在身前提起，腳面繃平，腳尖朝下，成獨立平衡；兩拳變掌，在兩腿伸直立起時，左掌從左側上舉，右掌從右側下垂；在左腳提步離地時，左掌從上向右肩處屈肘下降，右掌從下在左臂裡面向左胸前屈肘抄起；在形成獨立平衡時，左掌直臂下伸，掌心朝外，掌指朝下；右掌直臂上穿，掌心朝裡，掌指朝上；眼向左前方平視（圖 258）。

　　【要點】：兩掌的動作須和兩腿直立、提步離地、提膝成獨立平衡等動作協調一致。形成提膝上穿掌之後，兩臂要上下伸直，右腿伸直站穩，左腿屈膝盡量上提，上身保持挺胸、直背。

　　【易犯錯誤】：提膝與上穿掌不能完整一致。

圖 259　　　　　　　　圖 260

【糾正方法】：面對鏡子，落步右掌收至腰側；左膝上提同時右手上穿。此動作可以由慢到快反覆、單獨進行練習。

(二十一)弓步撐掌

(1) 左腳向左前方落步，左腿屈膝，右腿伸直，成左弓箭步；兩掌收到胸前，成平肘相對，掌腕均上屈，掌心斜朝下（圖 259）。

(2) 兩掌從胸前分向兩側平撐推出，成立側掌，掌指朝上；眼看左掌（圖 260）。

【要點】：上述兩動必須連貫起來，中間不要停頓。撐掌之後，兩肩鬆沉，肘臂伸直，兩腕盡量向上側屈，掌指高與眉齊。

【易犯錯誤】：兩臂不平不成一條線。

圖 261

【糾正方法】：在身體前後兩邊放一物體，使其向兩側推撐，來掌握發力及動作路線。

（二十二）虛步推掌

上動稍停，左腿伸直立起，右腿屈膝略蹲，左腳隨之從左側方移於右腳前方，以腳前掌虛點地面，身體重量落於右腿，成右實左虛之虛步；左掌於移步之同時，從左側向上、向右、向下、向左、向身後繞環擺動，至身後成勾手平舉，勾尖朝下；右掌則隨之先屈肘，然後再從右腰側向額前上方側立掌推出，臉向左轉；眼向左前方平視（圖261）。

【要點】：與上述第（十八）動的虛步推掌相同，唯動作相反。

圖 262　　　　　　　　圖 263

(二十三)歇步掄壓

（1）左腳從右腳前方向左側方移回，右腳跟同時裡轉使上身右轉，左腿伸直，右腿屈膝，成右弓箭步；右掌於轉身之同時，屈肘收抱於右腰側，拳心朝上；左勾手隨之變拳，臂內旋，反臂使拳背朝下，從身後向下，向前直臂掄直；眼隨視左拳（圖 262）。

（2）上動未停，右腳跟外展，上身隨之左轉，左腳同時移回半步，成右實左虛之虛步狀態；左拳繼續從右前方向上、向左前方繞環掄動；右拳也同時直臂下伸，從下向右、向上掄起；眼隨視左拳（圖 263）。

（3）上動未停，兩腳掌碾地使上身從左向後轉，變成左腿在前，右腿在後的交叉步，隨即兩腿屈膝全蹲成歇步；左

圖 264

圖 265

拳於上身後轉之同時，向下、向上身左側繞環掄起；右拳則
隨之以拳背為力點，向上身右側下方掄壓；兩拳心均朝上；
眼看右拳（圖264）。

【要點】：與上述第（十九）動的歇步掄壓相同，唯動
作相反。

（二十四）提膝上穿掌

兩腿伸直立起，左腳不動，右腳離地屈膝在身前提起，
腳面繃平，腳尖朝下，成獨立平衡；兩拳變掌，在兩腿伸直
立起時，右掌從右側上舉，左掌從左側下垂；在右腳提步離
地時，右掌從上向左肩處屈肘下降，左掌從下在右臂裡面向
右胸前屈肘抄起，在形成獨立平衡時，右掌直臂下伸，掌心
朝外，掌指朝下；左掌直臂上穿，掌心朝裡，掌指朝上；眼
向右前方平視（圖265）。

圖 266   圖 267

【要點】：與上述第（二十）動的提膝上穿掌相同，唯動作相反。

（二十五）弓步撐掌

(1) 右腳向右前方落步，右腿屈膝，左腿伸直，成右弓箭步；兩掌收於胸前，成平肘相對，掌腕均上屈，掌心斜朝下（圖266）。

(2) 兩掌從胸前分向兩側平撐推出，成側立掌，掌指朝上；眼看右掌（圖267）。

【要點】：與上述第（二十一）動的弓步撐掌相同。

圖268

第四段

(二十六)虛步穿掌

上身直起，左腳不動，右腳移回半步以腳前掌虛點地面，左腿略屈膝，右腿伸直，成為高勢虛步；右掌同時變拳，臂外旋使拳心朝上，屈肘收抱於右腰側；左掌則隨之從後由左腰側向前平伸穿出，成俯掌，掌心朝下；眼看左掌（圖268）。

【要點】：收拳、穿掌的動作必須與向後移步同時進行，形成虛步後，重心要落在屈膝的腿上，使左右腳虛實分明。

【易犯錯誤】：虛步與插掌不能協調一致。

【糾正方法】：把動作分解成重心後移雙手收至腰兩側和重心後移到位的同時成虛步、插掌兩部分練習。待動作路線及用力順序清楚後，再進行連貫完整練習。

圖 269

(二十七)進步踢腿

左掌變拳，臂外旋使拳心朝上，屈肘收抱於左腰側；右拳變掌，從右腰側直臂下伸向後、向上弧形繞環，至頭頂上方時屈肘、屈腕成橫掌架於頭頂，右腳同時向前進半步；左腳隨即向前、向上踢起，腳尖上翹；眼看左腳（圖269）。

【要點】：踢腿時，兩腿都必須挺膝伸直；上踢之腳要屈踝使腳尖翹起；上身稍向前傾，以防後仰；踢腿要高，但在最初練習時可以踢得低一些。

【易犯錯誤】：踢腿的勁力不足。

【糾正方法】：先放鬆上擺，當上擺過胸時，加速用力腳尖勾緊。

圖270

圖271

(二十八) 縱步飛腳

(1) 左腳向前落步，右掌同時從上向前下降，左拳伸向身後，右腳離地提起準備向前擺動（圖270）。

(2) 上動不停，右腳向前擺起，左腳蹬地助跳，身體懸空；在空中，左腳腳面繃平，向前踢出；左拳變掌，從後向下、向前弧形繞環，至身前以掌心迎擊左腳腳面；右掌同時變拳，臂外旋屈肘收抱於右腰側，拳心朝上；眼看左腳（圖271）。

【要點】：擺腿和蹬地助跳的動作，必須前呼後應地相續而行，這樣才能使身體懸空。縱起之後，左腳要立即向前踢出，左掌迎擊左腳的擊拍動作要在右腳尚未落地之前於空中完成，擊拍動作必須準確、響亮。

【易犯錯誤】：飛腳不騰空。

圖 272

【糾正方法】：如果是由於技術問題引起的，如蹬地不充分，起跳方向不是向上而是向前的等，則應抓住某環節進行反覆練習，如果是由於腿部力量不足而導致踏跳無力。就應該加強爆發力的練習。

（二十九）弓步推掌

右腳先落地，右腿在身後挺膝伸直，左腳隨即在身前落地，左腿屈膝半蹲，成左弓箭步；在兩腳落地的同時，左掌和左臂內旋使拇指一側朝下，從前向下、向右脅處屈肘抄起，在形成弓箭步的同時，成側立掌向前平伸推出，掌指朝上；右拳則在左掌抄於右脅處的同時，從右腰側下伸向後、向上、向前弧形繞環，至前方時屈肘收抱於右腰側，拳心朝上；眼看左掌（圖272）。

【要點】：推掌必須快而有力，掄掌繞環必須使肩部放

圖273

鬆；形成弓箭步之後兩肩鬆沉，左肩前送，右肩後牽；掌指高與眉齊。弓箭步同前。

【易犯錯誤】：弓步與推掌不能完整一致。

【糾正方法】：右、左腳依次落地的同時從下上抄；重心下降成弓步的同時前推掌。在原地進行分解練習，待動作清楚及配合協調後，再連貫完整地進行練習。

(三十)虛步穿掌

上身直起，右腳不動，左腳移回半步以腳前掌虛點地面，右腿略屈膝，左腿伸直，成為高勢虛步；左掌同時變拳，臂外旋使拳心朝上，屈肘收抱於左腰側；右拳隨之從右腰側向前平伸穿出，成俯掌，掌心朝下；眼看右掌（圖273）。

【要點】：與上述第（二十六）動的虛步穿掌相同，唯動作相反。

圖274

（三十一）進步踢腿

右掌變拳，臂外旋使拳心朝上，屈肘收抱於右腰側；左拳變掌，從左腰側直臂下伸向後、向上弧形繞環，至頭頂上方時屈肘、屈腕成橫掌架於頭頂上方；左腳同時向前進半步；右腳從前向上踢起，腳尖上翹；眼看右腳（圖274）。

【要點】：與上述第（二十七）動的進步踢腿相同，唯動作相反。

圖 275

圖 276

（三十二）縱步飛腳

（1）右腳向前落步，左掌同時從上向前下降，右拳伸向身後，左腳離地提起準備向前擺動（圖 275）。

（2）上動不停，左腳向前擺起，右腳蹬地助跳，身體懸空；在空中右腳腳面繃平，向前踢出；右拳變掌，從後向上、向前弧形繞環，至身前以掌心迎擊右腳腳面；左掌同時變掌，臂外旋屈肘收抱於左腰側，拳心朝上；眼看右腳（圖276）。

【要點】：與上述第（二十八）動的縱步飛腳相同，唯動作相反。

圖 277

（三十三）弓步推掌

左腳先落地，左腿在身後挺膝伸直，右腳隨即在身前落地，右腿屈膝半蹲，成右弓箭步；右掌在兩腳落地的同時，臂內旋使拇指一側朝下，從前向下、向左脅處屈肘抄起，在形成弓箭步的同時，成側立掌向前平伸推出，掌指朝上；左拳則在右掌抄於左脅處的同時，從左腰側下伸向後、向上、向前圓形繞環，至前方時屈肘收抱於左腰側，拳心朝上；眼看右掌（圖277）。

【要點】：與上述第（二十九）動的弓步推掌相同，唯動作相反。

圖278

圖279

(三十四)收 勢

(1)右腳跟稍向外展,右腿伸直立起,上身同時向左轉正,左腳隨之向右腳靠攏併步;左拳不變,右掌變拳屈肘收抱於右腰側,兩拳拳心均朝上;臉向左轉,眼向左側方平視(圖278)。

(2)臉轉向正前方,兩拳變掌,直臂下垂,成立正姿勢(圖279)。

【要點】:兩拳抱腰的時候,其要點與上述的預備勢相同。立正收勢的時候,頭仍須端正;收下額、挺胸、直腰、鬆肩、呼吸平穩,精神飽滿。

四、「三段」技術（初級長拳三路）

動作名稱

起　勢

1. 併步站立
2. 虛步亮掌
3. 併步對拳

第一段

（一）弓步衝拳

（二）彈腿衝拳

（三）馬步衝拳

（四）弓步衝拳

（五）彈腿衝拳

（六）大躍步前穿

（七）弓步擊掌

（八）馬步架掌

第二段

（九）虛步栽拳

（十）提膝穿掌

（十一）仆步穿掌

（十二）虛步挑掌

（十三）馬步擊掌

（十四）叉步雙擺掌

（十五）弓步擊掌

圖 280   圖 281

動作說明

起　勢

1.併步站立

兩腳併步站立，兩臂垂於身體兩側，五指併攏貼靠腿外側，眼向前平視（圖280）。

【要點】：頭要端正、頦微收，挺胸、塌腰、收腹。

【易犯錯誤】：含胸、挺腹、頭不正。

【糾正方法】：面對及側對鏡子按照要求自我矯正，或由同伴幫助糾正。

2.虛步亮掌

①右腳向右後方撤步成左弓步。右掌向右、向上、向前畫弧，掌心朝上；左臂屈肘，左掌提至腰側，掌心向上。目視右掌（圖281）。

圖282

圖283

②右腿微屈，重心後移。左掌經胸前從右臂上向前穿出伸直；右臂屈肘，右掌收至腰側，掌心向上。目視左掌（圖282）。

③重心繼續後移，左腳稍向右移，腳尖點地，成左虛步。左臂內旋向左、向後畫弧成勾手，勾尖向上；右手繼續向後、向右、向前上畫弧，屈肘抖腕，在頭前上方成亮掌（即橫掌），掌心向前，掌指向左。目視左方（圖283）。

【要點】：三個動作要連貫，虛步在大腿要蹲成水平，左腿微屈，腳尖虛點地面。

【易犯錯誤】：動作不連貫，虛步與擺頭亮掌不完整一致。

【糾正方法】：按動作要求反覆練習，先慢練後快練，循序漸進。

圖284

圖285

3.併步對拳

　①右腿蹬直，左腿屈膝提起，腳尖裡扣，上肢姿勢不變（圖284）。

　②左腳向前落步，重心前移。左臂屈肘，左勾手變掌經左肋前伸；右臂外旋向前下落於左掌右側，兩掌同高，掌心均向上（圖285）。

　③右腳向前上一步，兩臂下垂後擺（圖286）。

圖286

圖287

④左腳向右腳併步，兩臂向外、向上經胸前屈肘，兩掌下按，兩掌變拳，拳心向下，停於小腹前。目視左側（圖287）。

【要點】：併步後挺胸、塌腰，對拳、併步、轉頭要同時完成。

【易犯錯誤】：上下肢配合不協調，併步與對拳不一致。

【糾正方法】：把動作分解成幾部分：前落步穿擺掌、上步後擺掌、併步對拳，進行重複練習，待熟練後再加快節奏，連貫進行。

圖 288　　　　　　　　圖 289

第一段

（一）弓步衝拳

1. 左腳向左上一步，腳尖向斜前方；右腿微屈，成半馬步。左臂向上、向左格打，拳眼向後，拳與肩同高；右拳收至腰側，拳心向上。目視左拳（圖288）。

2. 右腿蹬直成左弓步。左拳收至腰側，拳心向上；右拳向前衝出，高與肩平，拳眼朝上。目視右拳（圖289）。

【要點】：弓步時右腿要蹬直，腳跟不要離地。衝拳時，盡量轉腰、順肩。

【攻防含義】：假設對方用拳向我左側出來，我迅速左轉身順勢用前臂把拳格開，右拳擊打對方腹部。

【易犯錯誤】：轉身與格拳不協調一致。

【糾正方法】：把此動作做單獨的重複練習，或由同伴配合進行攻防練習。

圖290

（二）彈腿衝拳

重心前移至左腿，右腿屈膝提起，腳面繃直，猛力向前彈出，高與肩平。同時右拳收至腰右側；左拳向前衝出。目視前方（圖290）。

【要點】：彈腿力點達於腳尖，要有寸勁。

【攻防含義】：用左拳擊打對方胸部的同時，再用右腳彈踢對方的襠部或腹部。

【易犯錯誤】：彈腿屈伸不明顯、上擺。

【糾正方法】：把彈腿分解成提膝上抬大腿、向前甩彈小腿兩步驟進行練習，待動作順序清楚後再加快速度連貫進行練習。

圖 291

(三)馬步衝拳

右腳向前落步，腳尖裡扣，上體左轉。左拳收至腰左側，兩腿屈膝下蹲成馬步；右拳向前衝出。目視右拳（圖291）。

【要點】：馬步大腿要成水平，兩腳及兩膝要微內扣，挺胸、塌腰。

【攻防含義】：假設對方躲閃至我身體左側，我落步左轉用拳擊打對方胸部等處。

【易犯錯誤】：落步與衝拳同時完成。

【糾正方法】：把動作分解成先落步、做馬步的同時衝拳。

圖292　　　　　　　　　　圖293

(四)弓步衝拳

1. 上體右轉90°，右腳尖外撇向斜前方，成半馬步。右臂屈肘向右格打，拳眼向後。目視右拳（圖292）。

2. 左腿蹬直成右弓步，右拳收至腰側；左拳向前衝出。目視左拳（圖293）。

【要點】：與本節的弓步衝拳相同，唯方向相反。

【攻防含義】：假設對方用拳擊打我右側，我迅速右轉身用右前臂格開來拳，左拳順勢擊打對方胸部。

【易犯錯誤】：與本節弓步衝拳相同。

【糾正方法】：與本節弓步衝拳相同。

圖 294   圖 295

（五）彈腿衝拳

重心前移至右腿，左腿屈膝提起，腳面繃直，猛力向前彈出，高與腰平。左拳收至腰左側，右拳向前衝出。目視前方（圖 294）。

【要點】：與本節彈腿衝拳相同。

【攻防含義】：與本節彈腿衝拳相同。

【易犯錯誤】：與本節彈腿衝拳相同。

【糾正方法】：與本節彈腿衝拳相同。

（六）大躍步前穿

1. 左腿屈膝。右拳變掌內旋，以手背向下掛至左膝外側，上體前傾。目視右手（圖 295）。

圖296

圖297

2. 左腳向前落步，兩腿微屈。右掌繼續向後掛，左拳變掌，向後向下伸直。目視右掌（圖296）。

3. 右腿屈膝向前上擺躍，左腳蹬地跳起前躍。兩掌向前上畫弧擺起。目視左掌（圖297）。

4. 右腿落地全蹲，左腿隨即落地向前鏟出成仆步。右掌變拳收抱於腰右側；左掌由上向右、向下畫弧成立掌，停於右胸前。目視左腳（圖298）。

【要點】：躍步要遠，落地要輕，落地後立即接做仆步。

【攻防含義】：假設對方踢我左側，我用右掌掛開；對方劈擊我頭部，我用兩手向上架封；落地後右腳支撐左腳外緣鏟擊對方腳、踝。

【易犯錯誤】：動作不連貫，上下配合不協調。

【糾正方法】：按不騰空接提膝掛掌、上步架封掌、上

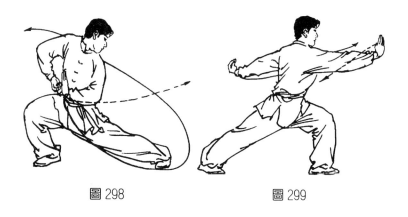

圖298　　　　　　　　　圖299

步成仆步三部分，分解進行練習，待熟悉後再連貫及騰空進
行練習。

(七)弓步擊掌

右腳猛力蹬直成左弓步。左掌經左腳面向後畫弧至身後
成勾手，左臂伸直，勾尖向上；右拳變掌自腰側向前立掌推
出，掌外緣向前。目視右掌（圖299）。

【要點】：推掌、勾手與弓步要完整一致。

【攻防含義】：假設對方向我左腳踩踏，我用左手將其
攬開，並迅速用右掌擊打對方腹部。

【易犯錯誤】：擊掌時上體前傾，重心前移太大（幾乎
失去重心）。

【糾正方法】：按照要求反覆練習，在練習中注意推掌
的同時坐胯。

圖 300 　　　　　　　　圖 301

（八）馬步架掌

　　1. 重心移至兩腿之間，左腳腳尖裡扣成馬步，上體右轉。右臂向左側平擺，稍屈肘；同時左勾手變掌由後經腰左側從右臂內向前上穿出，掌心均朝上。目視右手（圖 300）。

　　2. 右掌立於左胸前；左臂向左上屈肘抖腕亮掌於頭部左上方，掌心向前。目視右前方（圖 301）。

　　【要點】：馬步大腿要蹲平，兩腳及兩膝要微內扣。

　　【易犯錯誤】：亮掌、擺頭與馬步不能完整一致。

　　【糾正方法】：在原地反覆做上下肢的動作配合練習。

圖302　　　　　　　　　　圖303

第二段

（九）虛步栽拳

1. 右腿屈膝提起；右腿伸直，以前腳掌為軸向右後轉體180°。右掌由左胸前向下經右腿外側向後畫弧成勾手；左臂隨體轉外旋，使掌心朝右。目視右手（圖302）。

2. 右腳向右落地，重心移至右腿上，下蹲成左虛步。左掌變拳下落於左膝上，拳眼向裡，拳心向後；右勾手變拳，屈肘向上架於頭右上方，拳心向前。目視左方（圖303）。

【要點】：右手勾掛要貼近右膝外側；虛步要蹲成水平。

【攻防含義】：假設對方用腳彈踢我右側，我屈膝提起右轉身，順勢用右手勾掛其腳。

【易犯錯誤】：提膝勾掛與轉身不協調一致。

圖 304

圖 305

【糾正方法】：在原地按要求反覆練習，或由同伴配合做攻防練習。

(十) 提膝穿掌

1. 右腿稍伸直。右拳變掌收至腰側，掌心向上；左拳變掌由下向左向上畫弧蓋壓於頭上方，掌心向前（圖 304）。

2. 右腿蹬直，左腿屈膝提起，腳尖內扣。右掌自腰側經左臂內向右前上方穿出，掌心向上；左掌收至右胸前成立掌。目視右掌（圖 305）。

【要點】：支撐腿與右臂要伸直。

【攻防含義】：假設對方用拳向我腦後側擊來，我迅速右轉身用左掌蓋壓其來拳，復又用右掌穿插對方喉部或面部。

【易犯錯誤】：穿掌與提膝不完整一致。

圖306

【糾正方法】：在原地做反覆的手腳配合練習，面對鏡子自我矯正練習。

(十一)仆步穿掌

右腿全蹲，左腿向左後方鏟出成左仆步。右臂不動，左掌由右胸前向下經左腿內側，向左腳面穿出。目視左掌（圖306）。

【要點】：穿掌時兩臂要成一條線，仆步時左腳尖要向內扣緊。

【攻防含義】：用左掌穿挑對方襠部或腹部。

【易犯錯誤】：右腿全蹲與左腳鏟出不完整一致。

【糾正方法】：在原地或對照鏡子做反覆練習。

圖307   圖308

(十二)虛步挑掌

1. 右腿蹬直，重心前移至左腿，成左弓步。右掌稍下降，左掌隨重心前移向前挑起（圖307）。

2. 右腳向左前方上步，左腿半蹲，成右虛步。身體隨上步左轉180°。同時左掌由前向上向後畫弧成立掌，右掌由後經下向前上挑起成立掌，指尖與眼平。目視右掌（圖308）。

【要點】：上步要快，虛步要穩。

【攻防含義】：用右掌挑擊對方的襠部及腹部。

【易犯錯誤】：上體前傾、突臀。

【糾正方法】：做動作時注意坐胯，大腿蹲平，如果下蹲比較吃力，要進行加強腿部力量的練習，以及踝關節的靈活性練習。

圖 309　　　　　　　　　　圖 310

(十三)馬步擊掌

1. 右腳落實，腳尖外撇，重心稍升高並且右移，左掌變拳收至腰側；右掌俯掌向外擄手（圖309）。

2. 左腳向前上一步，以右腳為軸向右後轉體180°，兩腿下蹲成馬步。左掌貼近右臂向左側立掌推出；右掌變拳收至腰側。目視左掌（圖310）。

【要點】：右手先外旋抓握，同收抱拳的同時擊掌。

【攻防含義】：假設對方用拳向我衝來，我迅速用右手抓擄住向腰間扯帶，同時用左掌擊打對方胸部及脖頸等部位。

【易犯錯誤】：收拳與擊掌不能完整一致。

【糾正方法】：在原地或對照鏡子做反覆的兩手配合練習，或由同伴配合進行攻防練習從而體會動作要領及動作順序。

圖 311　　　　　　　　圖 312

(十四) 叉步雙擺掌

1. 重心稍右移，同時兩掌向下向右擺，掌指均向上。目視右掌（圖 311）。

2. 右腳向左腳後插步，前腳掌著地。兩臂繼續由右向上向左擺，停於身體左側，均成立掌，右掌停於左肘窩處。目視雙掌（圖 312）。

【要點】：兩臂要繞立圓，幅度要大。

【易犯錯誤】：擺掌與插步不能完全一致。

【糾正方法】：在原地或對照鏡子做反覆的擺掌插步練習，速度要由慢到快。

圖313　　　　　　　　圖314

(十五)弓步擊掌

1. 兩腿不動。左掌收至腰側，掌心向上；右掌向右畫弧，掌心向下（圖313）。

2. 左腿後撤一步，成右弓步。右掌向下向後伸直擺動，成勾手，勾尖向上；左掌成立掌向前推出。目視左掌（圖314）。

【要點】：擊掌、摟手、弓步要完整一致。

【攻防含義】：對方用拳或掌擊打我右肩，我迅速右轉身順勢用右手摟對方之手臂，並隨之用左掌擊打對方胸部。

【易犯錯誤】：擊掌與弓步不完整一致。

【糾正方法】：把動作分解成撤步、下坐成弓步同時擊掌兩部分，反覆練習，並逐漸加快連接速度，直至完成正常節奏為止。

圖315　　　　　　　　　　圖316

（十六）轉身踢腿馬步盤肘

1. 兩腳以前腳掌為軸向左後轉體180°。在轉體的同時左臂向上向前畫半立圓，右臂向下向後畫半圓（圖315）。

2. 上動不停，兩腳不動，右臂由後向上向前畫半立圓，左臂由前向下向後畫半立圓（圖316）。

3. 上動不停，右臂向下成反臂勾手，勾尖向上；左臂向上成亮掌，掌心向前上方。右腿伸直，腳尖勾起，向前額處踢起（圖317）。

圖317

圖 318   圖 319

4. 右腳向前落地，腳尖裡扣。右手不動，左臂屈肘下落至胸前，左掌心向下。目視左掌（圖318）。

5. 上體左轉90°，兩腿下蹲成馬步。同時左掌向前向左平擄變拳收至腰側；右勾手變拳，右臂伸直，由體後向右向前平擺至體前時屈肘，肘尖向前，高與肩平，拳心向下。目視肘尖（圖319）。

【要點】：動作要連貫，盤肘要快速有力，右肩前順。

【攻防含義】：在用右腳踢擊對方的時候，對方用左拳擊打我左肋部，我右腳前落迅速用左手向左擄拽對方手腕使其右轉後，又迅速用右臂摟住（鎖住）其脖頸。

【易犯錯誤】：轉身、擄手、盤肘、馬步幾部分不能完整一致。

【糾正方法】：在原地進行反覆練習，或由同伴配合進行攻防練習以求理解動作要點，從而便於掌握動作。

圖 320　　　　　　　　　　圖 321

第三段

（十七）歇步掄砸拳

1. 重心稍升高，右腳尖外撇。右臂由胸前向上向右掄直；左拳向下向左，使臂掄直。目視右拳（圖 320）。

2. 上動不停，兩腳以前腳掌為軸，向右後轉體 180°。右臂經下向後掄擺，左臂向上向前隨身體轉動（圖 321）

3. 上動不停，兩腿全蹲成歇步。左臂隨身體下蹲而向下平砸，拳心向上，肘微曲；右臂伸直向上舉起。目視左拳（圖 322）。

【要點】：掄臂動作要連貫、繞立圓。歇步要兩腿交叉全蹲，左腿大小腿折疊，右腿跨坐於左腿上，臀部坐在左小

圖322　　　　　　　　　圖323

腿靠近踝關節處，右腳尖外撇，左腳前掌著地。

【攻防含義】：在對方處於低姿勢或倒地時，用左拳砸擊其頭部、襠部等部位。

【易犯錯誤】：砸拳與歇步不能完整一致。

【糾正方法】：在原地把下蹲砸拳做反覆練習，開始時可以把動作放慢、分解，隨著動作的熟練而逐漸加快節奏。

(十八)仆步亮掌

1. 左腳由右腿後抽出後向前上一步，左腿蹬直，右腿半蹲，成右弓步。上體微向右轉。左拳收至腰側，右拳變掌向下經胸前向右橫擊掌。目視右掌（圖323）

圖 324　　　　　　　　　圖 325

2. 右腿屈膝提起，上體右轉。左拳變掌從右掌上向前穿出，掌心向上；右掌平收至左肘下（圖 324）。

3. 右腳向右落步，屈膝全蹲，左腿伸直，成仆步。左掌向下向後畫弧成勾手，勾尖向上；右掌向右向上畫弧，臂微屈、抖腕成亮掌，掌心向前。目視左方（圖 325）。

【要點】：仆步右腿全蹲，左腿平鋪、扣腳尖；上體挺胸、塌腰。

【攻防含義】：在做歇步砸拳時，對方用拳向我身後擊來，我迅速右轉身用右掌向下按打來拳後，復又向對方腹部用右掌橫擊，左拳接著又向對方喉部穿插。

【易犯錯誤】：上下肢配合不協調。

【糾正方法】：把動作分解成撤步穿左掌、仆步亮右掌，兩部分反覆進行練習。練習由慢到快，循序漸進。

圖 326   圖 327

(十九)弓步劈拳

1. 右腿伸直立起；左腿收回並向左前方上步。右掌變拳收至腰側，左勾手變掌由下向前上經胸前向左做攦手（圖326）。

2. 右腳經左腳前向左前方繞上一步，左腿蹬直成右弓步。左手向左平攦後再向前揮擺，虎口朝前（圖327）。

3. 在左手平攦的同時，右拳向後平擺後向前上做掄劈拳，拳高與耳平，拳心向上，左掌外旋接扶右前臂。目視右拳（圖328）。

圖 328

圖 329

圖 330

【要點】：左右腳上步要成弧形。

【攻防含義】：對方向我面前衝左拳，我上左步向右閃身同時用左手攦抓住對方手腕，再迅速繞上右步用右拳拳輪劈擊其頭側耳部。

【易犯錯誤】：手腕配合不協調。

【糾正方法】：把動作先分解上步攦手、上步劈拳兩部分進行反覆練習，待熟練後再連貫進行。

（二十）換跳步弓步衝拳

1. 重心後移，右腳稍向後移動。右拳變掌，臂內旋，以掌背向下畫弧掛至右膝內側；左掌背貼靠右肘外側，掌指向前。目視右掌（圖 329）。

2. 右腿自然上抬，上體稍向左扭轉。右掌掛至體左側，左掌伸向右腋下。目視右掌（圖 330）。

圖 331 圖 332

3. 右腳以全腳掌用力向下跺踏，與此同時，左腳急速離地抬起。右手由左向上向前擄蓋而後變拳收至腰側；左掌伸直向下、向上、向前屈肘下按，掌心向下。上體右轉。目視左掌（圖 331）。

4. 左腳向前落步，右腿蹬直成左弓步。右拳向前衝出，拳高與肩平；左掌藏於右腋下，掌背貼靠腋窩。目視右拳（圖 332）。

【要點】：換跳步動作要連貫協調。震腳要乾脆，左腳提起離地不要太高。

【攻防含義】：對方用右腳彈踢我襠部，我迅速撤右腳並用右手下掛其腳；對方腳前落後用左拳擊打我頭部，我用右手擄抓其左手腕；對方又用右拳擊打我胸部，我用左掌下蓋其拳，然後迅速用右拳擊打對方胸、頭等部位。

【易犯錯誤】：手腳配合不協調。

圖 333

【糾正方法】：把此動作分解成收腿掛右掌、抬右腳擄右手、震腳下按掌、上左步衝右拳四個部分進行反覆練習，待配合協調後再進行反覆的完整練習。

（二十一）馬步衝拳

上體右轉 90°，重心移至兩腿之間成馬步。右拳收至腰側，左掌變拳向左衝出，拳眼朝上。目視左拳（圖 333）。

【要點】：馬步與衝拳要同時完成。

【攻防含義】：接上動，如對方躲開我的右衝拳或抓握住我右手腕時，我迅速擰腰、轉身用左拳擊打對方腹部等處。

【易犯錯誤】：馬步與衝拳不一致，勁力不充足。

【糾正方法】：先在原地做弓、馬步的（蹬腿、轉髖、擰腰）轉換練習，然後再結合衝拳反覆進行練習。

圖 334   圖 335

（二十二）弓步下衝拳

　　右腳蹬直，左腿彎曲，上體稍向左轉，成左弓步。左拳變掌向下經體前向上架於頭左上方，掌心向上，右拳自腰側向左前斜下方衝出。目視右拳（圖334）。

　　【要點】：同前面的弓步衝拳。

　　【攻防含義】：對方用拳劈我頭部；我迅速用左臂上架來拳，並順勢用右拳擊打對方腹部。

　　【易犯錯誤】：同前面弓步衝拳。

　　【糾正方法】：同前面弓步衝拳。

（二十三）叉步亮掌側踹腿

　　1. 上體稍右轉。左掌由頭上下落於右手腕上，右拳變掌，兩手交叉成十字。目視雙手（圖335）。

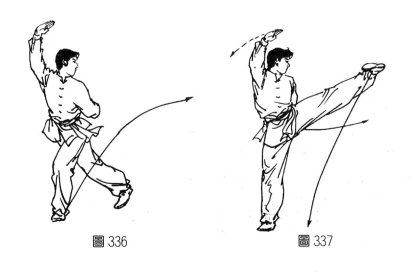

圖 336　　　　　　　　　　圖 337

2. 右腳向左腳的左後方插步，前腳掌著地。左掌由體前向下向後畫弧成勾手，勾尖朝上；右掌由前向右、向上畫弧抖腕亮掌，掌心朝前。目視左側（圖 336）。

3. 重心移至右腿，左腿屈膝提起後勾腳尖向左上方猛力伸出。上肢姿勢不變。目視左側（圖 337）。

【要點】：插步時上體要向右傾斜；側踹腿要高於腰；力點於腳踹。

【攻防含義】：對方用拳或腳向我胸腹部擊來，我用兩手下掛後順勢用左腿踹對方胸部或頭部。

【易犯錯誤】：手腳配合不協調，踹腿屈伸不明顯。

【糾正方法】：把動作分解成插步掛分掌、側踹腿兩部分反覆進行練習。踹腿動作分解成提膝、踹腳兩部分反覆進行練習。

圖 338   圖 339

(二十四)虛步挑拳

1. 左腳在左側落步。右掌變拳稍後移，左勾手變拳由體後向左上挑，拳背朝上（圖 338）。

2. 上體左轉 180°，微含胸前俯。左拳繼續向前、向上畫弧上挑，右拳向下、向前掛至右膝外側，同時右膝提起。目視右拳（圖 339）。

圖340

3. 右腳向左前方上步，腳尖點地，重心落於左腳，左腿下蹲成右虛步。左拳向後畫弧收至腰側，拳心向上；右拳向前屈臂挑出，拳眼斜向上，拳與肩同高。目視右拳（圖340）。

【要點】：虛步與挑拳要同時完成，挑拳力點達於虎口一側。

【攻防含義】：用右拳虎口處挑打對方的下頜等處。

【易犯錯誤】：上體前傾，手腳不一致。

【糾正方法】：虛步時要坐胯、大腿蹲平；點步挑拳同時到位，在原地做此動作的反覆練習。

圖 341

圖 342

第四段

（二十五）弓步頂肘

1. 重心升高，右腳踏實。
右臂內旋向下直臂畫弧以拳背
下掛至右膝內側，左拳不變。
目視前下方（圖 341）。

2. 左腿伸直，右腿屈膝上
抬。左拳變掌，右拳不變，兩
臂向前、向上畫弧擺起（圖
342）。

3. 左腳蹬地跳起，身體騰
空，兩臂繼續畫弧至頭上方
（圖 343）。

圖 343

圖344   圖345

4. 右腳先落地，右腿屈膝，左腳向前落步，前腳掌著地。同時兩臂向右、向下屈肘停於右胸前，右拳變掌，左掌變拳。右掌心貼靠左拳面（圖344）。

5. 左腳向左上一步，左腿屈膝，右腿蹬直成左弓步。右掌推左掌，以左肘尖向左頂出，高與肩平。目視前方（圖345）。

【要點】：換跳步不要高，但要快。兩臂掄擺時要成圓弧。

【攻防含義】：對方用腳向我襠部踢來，我迅速收右腳用右拳將其掛開。對方用拳劈我頭部，我用右左臂將其封架開後順勢用左肘頂對方之胸、肋等部位。

【易犯錯誤】：手腳配合不協調。

【糾正方法】：把動作分解成撤步掛拳、跳起封架、弓步頂肘三個部分，分別進行反覆練習，待配合協調後再進行連貫練習。

圖 346

圖 347

（二十六）轉身左拍腳

1. 以兩腳前腳掌為軸向右後轉體 180°。隨著轉體，右臂向上、向右、向下畫弧掄擺；左拳變掌向下、向後、向前上掄擺（圖 346）。

2. 左腿伸直向前上踢起，腳面繃平。左掌變拳收至腰側，右掌由體後向上、向前拍擊左腳面（圖 347）。

【要點】：擊拍要迅速、準確、響亮。

【攻防含義】：用左腳踢對方下頦等部位。

【易犯錯誤】：支撐腿彎曲，上體前傾。

【糾正方法】：支撐腿要挺直，全腳掌踏實地面，立腰頭上頂。根據此要求反覆練習，側對鏡子進行自我矯正及由同伴進行矯正。

圖 348　　　　　　　　圖 349

（二十七）右拍腳

1. 左腳向前落地，左拳變掌向下、向後擺，右掌變拳收至腰側（圖 348）。

2. 右腿伸直向前上踢起，腳面繃平。左拳變掌由後向上、向前拍擊右腳面（圖 349）。

【要點】：與左拍腳相同。

【攻防含義】：與左拍腳相同，唯左右側相反。

【易犯錯誤】：與上動相同。

【糾正方法】：與左拍腳相同。

圖 350

圖 351

(二十八)騰空飛腳

1. 右腳落地（圖 350）。

2. 左腳向前擺起，右腳猛力蹬地跳起，左腿屈膝繼續前上擺。同時右拳變掌向前、向上擺起，左掌先上擺，而後下降拍擊右掌背（圖 351）。

3. 右腿繼續上擺，腳面繃平。右手拍擊右腳面，左掌由體前向後上舉（圖 352）。

【要點】：蹬地要向上，不要太向前衝，擊響要在空中完成，要乾脆、響亮。

【攻防含義】：跳起在空中用右腳踢對方的下頦等部位。

圖 352

圖 353   圖 354

【易犯錯誤】：不能騰空，擊響不響亮。

【糾正方法】：蹬地要有力，多做起跳練習，跳起時左
腿用力向上屈收。擊響時腳面要繃直，反覆做不騰空的拍腳
動作練習。

(二十九)歇步下衝拳

1.左、右腳先後相繼落地。左掌變拳收至腰側（圖
353）。

2.身體右轉90°，兩腿全蹲成歇步。右掌抓握、外旋變
拳收至腰側；左拳由腰側向前下方衝出，拳心向下。目視右
拳（圖354）。

【要點】：歇步要穩，衝拳要脆。

【攻防含義】：對方用拳打我腹部，我用右手抓握其腕
並回帶，再用左拳擊打對方襠部及膝、踝等處。

圖 355　　　　　　　　　圖 356

【易犯錯誤】：歇步不緊、站地不穩。

【糾正方法】：做歇步時左膝要插在右腿外側，緊貼右小腿外側；右腳要外展，全腳掌著地有向後蹬之力，右腳腳前掌著地有向前蹬之力；兩腳前後對撐以求重心穩定。

(三十)仆步掄臂拳

1. 重心升高，右臂由腰側向體後伸直，左臂隨身體重心升高隨之向上擺起（圖355）。

2. 以右腳前腳掌為軸，左腿屈膝提起，上體左轉270°。左拳向前向後下畫立圓一周；右拳由後向下向前上畫立圓一周（圖356）。

圖357

圖358

3. 左腿向後落步，屈膝全蹲，右腿伸直，腳尖裡扣成右仆步。右拳由上向下掄劈，拳眼向上；左拳後上舉，拳眼向上。目視右拳（圖357）。

【要點】：兩臂要掄成立圓。

【攻防含義】：用右拳劈對方的頭部、肩部等處。

【易犯錯誤】：下劈拳與仆步不能同時完成。

【糾正方法】：下劈拳時重心要隨之向後下方移，下蹲的同時下劈用力。要進行單獨反覆練習。

（三十一）提膝挑掌

1. 重心前移成右弓步。同時右拳變掌由下向上掄擺，左拳變掌稍下落，右掌心向左，左掌心向右（圖358）。

2. 左、右臂在垂直面上由前向後各畫立圓一周。右臂伸直停於頭上，掌心向左，掌指向上；左臂伸直停於身後成

圖 359

圖 360

反勾手。同時右腿屈膝提起，左腿挺膝直立。目視前方（圖359）。

　【要點】：兩臂要反掄成立圓。

　【攻防含義】：用右掌穿挑對方的襠部、腹部等處。

　【易犯錯誤】：兩臂反掄不成立圓。

　【糾正方法】：兩肩放鬆，兩臂要貼近耳側、胯側繞動。

(三十二) 提膝劈掌弓步衝拳

　1. 下肢不動。右掌由上向下猛劈伸直，停於右小腿內側，力點在小指一側；左勾手變掌，屈臂向前停於右上臂內側，掌心向右。目視右掌（圖360）。

圖 361　　　　　　　　　　圖 362

　　2.右腳向右後落地；身體右轉 90°。同時左掌變拳收至腰側，右臂內旋向右畫弧做擄手（圖 361）。

　　3.上動不停，左腿蹬直成右弓步。右手抓握變拳收至腰側，左拳由腰側向左前方衝出。目視左拳（圖 362）。

　　【要點】：提膝劈拳重心要穩，擄手衝拳勁力要足。

　　【攻防含義】：對方向我腹部擊打，我用掌向下猛力劈擊，對方復又用拳擊打我腹部，我用右手擄抓對方之拳，再用左拳擊打對方腹部。

　　【易犯錯誤】：擄手衝拳與弓步配合不協調。

　　【糾正方法】：把動作分解成落右步擄手、成弓步衝拳，進行反覆的練習。

圖 363

圖 364

收　勢

1. 虛步亮掌

①右腳扣於左膝後，兩拳變掌，兩臂右上左下屈肘交叉於體左前。目視右掌（圖 363 ）。

②右腳向左後落步，重心後移，右腿半蹲，上體稍右轉。同時右掌向上、向右、向下畫弧停於左腋下；左掌向左、向上畫弧停於右臂上與左胸前，兩掌心左下右上。目視左掌（圖 364 ）。

圖365　　　　　　　　　　圖366

③左腳尖稍向右移，右腿下蹲成左虛步。左臂伸直向左、向後畫弧成反勾手；右臂伸直向下、向右、向上畫弧抖腕亮掌，掌心向前。目視左方（圖365）。

【要點】：舞花手要連貫，幅度不要太大。

【易犯錯誤】：舞花不連貫，虛步與亮掌不一致。

【糾正方法】：舞花時以肘關節為軸兩手繞近似平圓，虛步下蹲同時亮掌，在原地及對照鏡子做反覆練習。

2. 併步對拳

①左腿後撤一步，同時兩掌從腰兩側向前穿出伸直，掌心朝上（圖366）。

②右腿後撤一步，同時兩臂分別向體後下擺（圖367）。

③左腳後退半步向右腳併攏。兩臂由後向上經體前屈臂下按，兩掌變拳，停於腹前，拳心向下，拳面相對。目視左方（圖368）。

【要點】：同起勢動作3。

圖 367　　　　　　　　　　　圖 368

【易犯錯誤】：同起勢動作 3。

【糾正方法】：同起勢動作 3。

3. 併步站立

　　兩臂自然下垂，目視正前方（圖 369）。

圖 369

大展出版社有限公司
品冠文化出版社

圖書目錄

地址：台北市北投區(石牌)　　電話：(02)28236031
　　　致遠一路二段 12 巷 1 號　　　　　28236033
郵撥：0166955～1　　　　　　傳真：(02)28272069

・生活廣場・ 品冠編號 61

1.	366 天誕生星	李芳黛譯	280 元
2.	366 天誕生花與誕生石	李芳黛譯	280 元
3.	科學命相	淺野八郎著	220 元
4.	已知的他界科學	陳蒼杰譯	220 元
5.	開拓未來的他界科學	陳蒼杰譯	220 元
6.	世紀末變態心理犯罪檔案	沈永嘉譯	240 元
7.	366 天開運年鑑	林廷宇編著	230 元
8.	色彩學與你	野村順一著	230 元
9.	科學手相	淺野八郎著	230 元
10.	你也能成為戀愛高手	柯富陽編著	220 元
11.	血型與十二星座	許淑瑛編著	230 元
12.	動物測驗—人性現形	淺野八郎著	200 元
13.	愛情、幸福完全自測	淺野八郎著	200 元
14.	輕鬆攻佔女性	趙奕世編著	230 元
15.	解讀命運密碼	郭宗德著	200 元

・女醫師系列・ 品冠編號 62

1.	子宮內膜症	國府田清子著	200 元
2.	子宮肌瘤	黑島淳子著	200 元
3.	上班女性的壓力症候群	池下育子著	200 元
4.	漏尿、尿失禁	中田真木著	200 元
5.	高齡生產	大鷹美子著	200 元
6.	子宮癌	上坊敏子著	200 元
7.	避孕	早乙女智子著	200 元
8.	不孕症	中村春根著	200 元
9.	生理痛與生理不順	堀口雅子著	200 元
10.	更年期	野末悅子著	200 元

・傳統民俗療法・ 品冠編號 63

1.	神奇刀療法	潘文雄著	200 元

2. 神奇拍打療法	安在峰著	200 元
3. 神奇拔罐療法	安在峰著	200 元
4. 神奇艾灸療法	安在峰著	200 元
5. 神奇貼敷療法	安在峰著	200 元
6. 神奇薰洗療法	安在峰著	200 元
7. 神奇耳穴療法	安在峰著	200 元
8. 神奇指針療法	安在峰著	200 元
9. 神奇藥酒療法	安在峰著	200 元
10. 神奇藥茶療法	安在峰著	200 元

・彩色圖解保健・品冠編號 64

1. 瘦身	主婦之友社	300 元
2. 腰痛	主婦之友社	300 元
3. 肩膀痠痛	主婦之友社	300 元
4. 腰、膝、腳的疼痛	主婦之友社	300 元
5. 壓力、精神疲勞	主婦之友社	300 元
6. 眼睛疲勞、視力減退	主婦之友社	300 元

・心 想 事 成・品冠編號 65

1. 魔法愛情點心	結城莫拉著	120 元
2. 可愛手工飾品	結城莫拉著	120 元
3. 可愛打扮&髮型	結城莫拉著	120 元
4. 撲克牌算命	結城莫拉著	120 元

・法律專欄連載・大展編號 58

台大法學院　　法律學系／策劃
　　　　　　　法律服務社／編著

1. 別讓您的權利睡著了(1)	200 元
2. 別讓您的權利睡著了(2)	200 元

・武 術 特 輯・大展編號 10

1. 陳式太極拳入門	馮志強編著	180 元
2. 武式太極拳	郝少如編著	200 元
3. 練功十八法入門	蕭京凌編著	120 元
4. 教門長拳	蕭京凌編著	150 元
5. 跆拳道	蕭京凌編譯	180 元
6. 正傳合氣道	程曉鈴譯	200 元
7. 圖解雙節棍	陳銘遠著	150 元
8. 格鬥空手道	鄭旭旭編著	200 元

・原地太極拳系列・大展編號11

・名師出高徒・大展編號111

・青 春 天 地・大展編號 17

·健 康 天 地· 大展編號 18

·實用心理學講座· 大展編號 21

1. 拆穿欺騙伎倆	多湖輝著	140 元
2. 創造好構想	多湖輝著	140 元
3. 面對面心理術	多湖輝著	160 元
4. 偽裝心理術	多湖輝著	140 元
5. 透視人性弱點	多湖輝著	180 元
6. 自我表現術	多湖輝著	180 元
7. 不可思議的人性心理	多湖輝著	180 元
8. 催眠術入門	多湖輝著	150 元
9. 責罵部屬的藝術	多湖輝著	150 元
10. 精神力	多湖輝著	150 元
11. 厚黑說服術	多湖輝著	150 元
12. 集中力	多湖輝著	150 元
13. 構想力	多湖輝著	150 元
14. 深層心理術	多湖輝著	160 元
15. 深層語言術	多湖輝著	160 元
16. 深層說服術	多湖輝著	180 元
17. 掌握潛在心理	多湖輝著	160 元
18. 洞悉心理陷阱	多湖輝著	180 元
19. 解讀金錢心理	多湖輝著	180 元
20. 拆穿語言圈套	多湖輝著	180 元
21. 語言的內心玄機	多湖輝著	180 元
22. 積極力	多湖輝著	180 元

·超現實心理講座· 大展編號 22

1. 超意識覺醒法	詹蔚芬編譯	130 元
2. 護摩秘法與人生	劉名揚編譯	130 元
3. 秘法！超級仙術入門	陸明譯	150 元
4. 給地球人的訊息	柯素娥編著	150 元
5. 密教的神通力	劉名揚編著	130 元
6. 神秘奇妙的世界	平川陽一著	200 元
7. 地球文明的超革命	吳秋嬌譯	200 元
8. 力量石的秘密	吳秋嬌譯	180 元
9. 超能力的靈異世界	馬小莉譯	200 元
10. 逃離地球毀滅的命運	吳秋嬌譯	200 元
11. 宇宙與地球終結之謎	南山宏著	200 元
12. 驚世奇功揭秘	傅起鳳著	200 元
13. 啟發身心潛力心象訓練法	栗田昌裕著	180 元
14. 仙道術遁甲法	高藤聰一郎著	220 元
15. 神通力的秘密	中岡俊哉著	180 元
16. 仙人成仙術	高藤聰一郎著	200 元

17. 仙道符咒氣功法	高藤聰一郎著	220 元
18. 仙道風水術尋龍法	高藤聰一郎著	200 元
19. 仙道奇蹟超幻像	高藤聰一郎著	200 元
20. 仙道鍊金術房中法	高藤聰一郎著	200 元
21. 奇蹟超醫療治癒難病	深野一幸著	220 元
22. 揭開月球的神秘力量	超科學研究會	180 元
23. 西藏密教奧義	高藤聰一郎著	250 元
24. 改變你的夢術入門	高藤聰一郎著	250 元
25. 21 世紀拯救地球超技術	深野一幸著	250 元

・養 生 保 健・大展編號 23

1. 醫療養生氣功	黃孝寬著	250 元
2. 中國氣功圖譜	余功保著	250 元
3. 少林醫療氣功精粹	井玉蘭著	250 元
4. 龍形實用氣功	吳大才等著	220 元
5. 魚戲增視強身氣功	宮 嬰著	220 元
6. 嚴新氣功	前新培金著	250 元
7. 道家玄牝氣功	張 章著	200 元
8. 仙家秘傳祛病功	李遠國著	160 元
9. 少林十大健身功	秦慶豐著	180 元
10. 中國自控氣功	張明武著	250 元
11. 醫療防癌氣功	黃孝寬著	250 元
12. 醫療強身氣功	黃孝寬著	250 元
13. 醫療點穴氣功	黃孝寬著	250 元
14. 中國八卦如意功	趙維漢著	180 元
15. 正宗馬禮堂養氣功	馬禮堂著	420 元
16. 秘傳道家筋經內丹功	王慶餘著	300 元
17. 三元開慧功	辛桂林著	250 元
18. 防癌治癌新氣功	郭 林著	180 元
19. 禪定與佛家氣功修煉	劉天君著	200 元
20. 顛倒之術	梅自強著	360 元
21. 簡明氣功辭典	吳家駿編	360 元
22. 八卦三合功	張全亮著	230 元
23. 朱砂掌健身養生功	楊永著	250 元
24. 抗老功	陳九鶴著	230 元
25. 意氣按穴排濁自療法	黃啟運編著	250 元
26. 陳式太極拳養生功	陳正雷著	200 元
27. 健身祛病小功法	王培生著	200 元
28. 張式太極混元功	張春銘著	250 元
29. 中國璇密功	羅琴編著	250 元
30. 中國少林禪密功	齊飛龍著	200 元
31. 郭林新氣功	郭林新氣功研究所	400 元

國家圖書館出版品預行編目資料

長拳入門與精進／吳彬、何瑞虹、李巧玲編著
——初版，——臺北市，大展，2001〔民 90〕
面；21 公分，——（名師出高徒；2）

ISBN 957-468-100-9（平裝）

1.拳術—中國

528.97　　　　　　　　　　　90016441

長拳入門與精進　　ISBN 957-468-100-9

編 著 者／吳　彬、何瑞虹、李巧玲
責任編輯／趙　振 平
發 行 人／蔡 森 明
出 版 者／大展出版社有限公司
社　　　址／台北市北投區（石牌）致遠一路 2 段 12 巷 1 號
電　　　話／（02）28236031·28236033·28233123
傳　　　眞／（02）28272069
郵政劃撥／01669551
E－mail／dah-jaan@ms 9.tisnet.net.tw
登 記 證／局版臺業字第 2171 號
承 印 者／國順文具印刷行
裝　　　訂／嶸興裝訂有限公司
排 版 者／弘益電腦排版有限公司
初版 1 刷／2001 年（民 90 年）11 月

定　價／220 元